中国人民银行统计季报

THE PEOPLE'S BANK OF CHINA QUARTERLY STATISTICAL BULLETIN

2016-1
总第81期
VOLUME LXXXI

目录

Contents

目录

Contents

1 1 主要经济指标
Major Economic Indicators

单位：亿元
Unit:100 Million Yuan

	国内生产总值*（现价） Gross Domestic Product* (Current Price)	第一产业 Primary Industry	第二产业 Secondary Industry	第三产业 Tertiary Industry
2008	314045	33702	149003	131340
2009	340903	35226	157639	148038
2010	401513	40534	187383	173596
2011	473104	47486	220413	205205
2012	519470	52374	235162	231934
2013.01				
2013.02				
2013.03	118862	7427	54528	56907
2013.04				
2013.05				
2013.06	248025	18622	116955	112447
2013.07				
2013.08				
2013.09	387100	35669	175118	176313
2013.10				
2013.11				
2013.12	588019	55322	256810	275887
2014.01				
2014.02				
2014.03	138764	7541	57917	73306
2014.04				
2014.05				
2014.06	294012	19990	126003	148019
2014.07				
2014.08				
2014.09	457293	37248	195559	224486
2014.10				
2014.11				
2014.12	635910	58336	271765	305810
2015.01				
2015.02				
2015.03	147891	7767	58972	81152
2015.04				
2015.05				
2015.06	313945	20865	128159	164921
2015.07				
2015.08				
2015.09	487336	38898	197873	250565
2015.10				
2015.11				
2015.12	676708	60863	274278	341567

* 季度国内生产总值为当年累计数。
* The quarterly data for GDP are grand totals of current year.

1 2 主要经济指标 Major Economic Indicators

单位：%
Unit: %

	国内生产总值* Gross Domestic Product*	第一产业 Primary Industry	第二产业 Secondary Industry	第三产业 Tertiary Industry	工业增加值** Industrial Value-added**	国有及国有控股企业 State-owned and State-holding Enterprises	集体企业 Collective Enterprises	外商及港澳台投资企业 Foreign-funded Enterprises
2008	9.6	5.4	9.9	10.4	12.9	9.1	8.1	9.9
2009	9.2	4.2	9.9	9.6	11.0	6.9	10.2	6.2
2010	10.4	4.3	12.3	9.8	15.7	13.7	9.4	14.5
2011	9.3	4.3	10.3	9.4	12.8	9.2	11.4	8.7
2012	7.7	4.5	7.9	8.1	10.3	8.0	5.2	6.9
2013.01								
2013.02								
2013.03	7.7	3.4	7.8	8.3	8.9	4.3	5.8	6.1
2013.04					9.3	4.3	5.7	7.4
2013.05					9.2	4.4	4.0	8.1
2013.06	7.6	3.0	7.6	8.3	8.9	6.3	1.7	7.8
2013.07					9.7	8.1	3.6	7.9
2013.08					10.4	9.5	2.9	8.7
2013.09	7.7	3.4	7.8	8.4	10.2	7.8	3.8	9.4
2013.10					10.3	8.4	5.4	9.6
2013.11					10.0	9.1	2.4	9.5
2013.12	7.7	4.0	7.8	8.3	9.7	8.3	3.4	8.9
2014.01								
2014.02								
2014.03	7.3	3.3	7.5	7.6	8.8	4.6	1.7	7.8
2014.04					8.7	5.7	1.7	7.0
2014.05					8.8	6.1	5.0	6.5
2014.06	7.4	3.7	7.6	7.6	9.2	7.3	3.3	7.4
2014.07					9.0	5.8	4.4	6.3
2014.08					6.9	4.0	1.2	3.8
2014.09	7.3	4.1	7.5	7.6	8.0	4.8	-1.0	6.4
2014.10					7.7	5.5	-1.6	5.7
2014.11					7.2	2.8	-2.5	4.4
2014.12	7.3	4.1	7.3	7.8	7.9	3.8	0.9	5.4
2015.01								
2015.02								
2015.03	7.0	3.2	6.3	8.0	5.6	0.9	1.4	3.3
2015.04					5.9	1.9	0.4	2.9
2015.05					6.1	2.2	1.2	3.0
2015.06	7.0	3.5	6.1	8.3	6.8	2.2	3.2	4.5
2015.07					6.0	0.0	1.3	2.6
2015.08					6.1	-0.6	0.4	2.8
2015.09	6.9	3.8	6.0	8.4	5.7	-1.4	0.5	2.7
2015.10					5.6	-0.5	-1.6	3.6
2015.11					6.2	2.8	-0.2	5.2
2015.12	6.9	3.9	6.0	8.3	5.9	2.6	0.7	3.5

* 国内生产总值累计增长率和工业增加值当月增长率按可比价格计算。

* The growth rates of accumulative GDP and the growth rates of monthly industrial value-added are calculated on the basis of comparable price.

** 工业增加值口径自2011年起改为年主营业务收入2000万元及以上的工业企业。

** The industrial value-added has been adjusted to industrial enterprises with the annual sales income from main business over 20 million yuan since 2011.

1 3 主要经济指标

Major Economic Indicators

单位：亿元

Unit: 100 Million Yuan

	固定资产投资（不含农户）* Fixed Assets Investment in (Excluding Rural Households) *	国有及国有控股 State-owned and State-holding Units	房地产开发 Real Estate Development	消费品零售额** Retail Sales**
2008	148738	64132	31203	114830
2009	193920	86536	36242	132678
2010	241431	102130	48259	156998
2011	302396	107486	61797	183919
2012	364835	123694	71804	20334
2013.01				
2013.02	25676	8183	6670	
2013.03	58092	18029	13133	17641
2013.04	91319	28701	19180	17600
2013.05	131211	41161	26798	18886
2013.06	181318	57342	36828	18827
2013.07	221722	70495	44302	18513
2013.08	262578	83875	52120	18886
2013.09	309208	99001	61120	20653
2013.10	351669	113045	68693	21491
2013.11	391283	126133	77412	21012
2013.12	436528	144056	86013	23060
2014.01				
2014.02	30283	9289	7956	
2014.03	68322	20644	15339	19801
2014.04	107078	32735	22322	19701
2014.05	153716	47319	30739	21250
2014.06	212770	65667	42019	21166
2014.07	259493	80741	50381	20776
2014.08	305786	95396	58975	21134
2014.09	357787	112369	68751	23042
2014.10	406161	127993	77220	23967
2014.11	451068	142311	86601	23475
2014.12	502005	161629	95036	25801
2015.01				
2015.02	34477	10658	8786	47993
2015.03	77511	23611	16651	22723
2015.04	119979	36558	23669	22387
2015.05	171245	52490	32292	24195
2015.06	237132	73745	43955	24280
2015.07	288469	90411	52562	24339
2015.08	338977	106696	61063	24893
2015.09	394531	125201	70535	25271
2015.10	447425	142641	78801	28279
2015.11	497182	159015	87702	27937
2015.12	551590	178933	95979	28635

* 自2011年起，投资项目统计起点标准由原来的50万元调整为500万元。“固定资产投资（不含农户）”等于原口径的“城镇固定资产投资”加上“农村企事业组织项目投资”。

* Since 2011, investment indicators are calculated using new threshold criteria of 5 million yuan instead of 500 thousand yuan in the past. "Fixed Assets Investment (Excluding Rural Households)" equals to "Fixed Assets Investment in Urban Area" under the old creteria plus "Investment of Rural Enterprises and Institutions".

** 自2010年1月起，“消费品零售总额”采用新的分组替代原来的分组。

** Since January 2010, "Total Retail Sales of Consumer Goods" adopted new categories.

1 4 主要经济指标
Major Economic Indicators

单位：亿美元(除另注明外)
Unit:100 Million USD (unless noted otherwise)

	人均收入 (单位：元人民币) Income Per Capita (Unit:RMB Yuan)		进出口总值 Trade Volume			贸易差额 Trade Balance	外商直接投资* Foreign Direct Investment*	外汇储备* Foreign Exchange Reserves*
	城镇居民可支配收入 Disposable Income of Urban Households	农村居民可支配收入** Disposable Income of Rural Households**		出口 Export	进口 Import			
2008	15780.8	4760.6	25632.6	14306.9	11325.7	2981.2	924.0	19460.3
2009	17174.7	5153.2	22075.4	12016.1	10059.2	1956.9	900.3	23991.5
2010	19109.4	5919.0	29740.0	15777.5	13962.5	1815.1	1057.4	28473.4
2011	21809.8	6977.3	36418.6	18983.8	18184.1	1549.0	1160.1	31811.5
2012	24565.0	7917.0	3672.3	1991.1	1681.2	309.9	1117.2	33116.0
2013.01			3464.9	1872.9	1592.0	280.9	92.7	34101
2013.02			2637.3	1393.0	1244.2	148.8	174.8	33954
2013.03	7427	2871	3651.1	1821.0	1830.1	-9.1	299.0	34426
2013.04			3555.0	1869.3	1685.7	183.6	383.4	35345
2013.05			3447.0	1826.8	1620.2	206.6	476.0	35148
2013.06	13649	4818	3212.0	1742.4	1469.7	272.7	619.8	34967
2013.07			3540.7	1859.2	1681.6	177.6	713.9	35478
2013.08			3528.5	1904.9	1623.6	281.3	797.7	35530
2013.09	20169	7627	3558.7	1853.1	1705.6	147.5	886.1	36627
2013.10			3395.5	1853.0	1542.6	310.4	970.3	37366
2013.11			3704.1	2020.8	1683.3	337.5	1055.1	37895
2013.12	26955	8896	3895.1	2073.7	1821.4	252.3	1175.9	38213
2014.01			3820.5	2070.4	1750.1	320.2	107.6	38666
2014.02			2506.7	1140.5	1366.2	-225.7	193.1	39137
2014.03	7912	2980.25	3320.2	1700.0	1620.2	79.8	315.5	39481
2014.04			3582.4	1884.5	1697.9	186.6	402.7	39788
2014.05			3549.5	1956.0	1593.6	362.4	489.1	39839
2014.06	14520	5073.46	3416.2	1867.6	1548.6	318.9	633.3	39932
2014.07			3781.4	2127.4	1653.9	473.5	711.4	39663
2014.08			3667.8	2083.3	1584.5	498.8	783.4	39688
2014.09	21697	7574.34	3959.1	2135.6	1823.5	312.1	873.6	38877
2014.10			3678.4	2067.7	1610.7	457.0	958.8	38529
2014.11			3683.6	2115.6	1568.0	547.6	1062.4	38474
2014.12	28844	10489	4049.4	2274.3	1775.1	499.2	1195.6	38430
2015.01			3404.9	1998.9	1406.0	592.9	139.2	38134
2015.02			2776.7	1690.5	1086.3	604.2	224.8	38015
2015.03	8572	3279	2859.9	1442.7	1417.3	25.4	348.8	37300
2015.04			3186.5	1759.5	1427.0	332.5	444.9	37481
2015.05			3206.2	1888.6	1317.6	570.9	538.3	37111
2015.06	15699	5554	3340.4	1896.0	1444.3	451.7	684.1	36938
2015.07			3446.2	1931.9	1514.3	417.6	766.3	36513
2015.08			3328.5	1962.2	1366.3	595.9	853.4	35574
2015.09	23512	8297.18	3506.4	2051.4	1454.9	596.5	949.0	35141
2015.10			3233.9	1923.5	1310.4	613.1	1036.8	35255
2015.11			3396.5	1967.1	1429.4	537.7	1140.4	34383
2015.12	31195	11422	3878.7	2236.3	1642.4	593.9	1262.7	33304

* 月度外商直接投资为累计数，外汇储备为余额数。

* Monthly data for Foreign Direct Investment are grand totals. Data for Foreign Exchange Reserves are outstanding amounts.

** 自2015年起，本表中“农村居民现金收入”更名为“农村居民可支配收入”。对2015年以前该项数据未作调整。

** From 2015, in this table, as “Cash Income of Rural Households”, the “Disposable Income of Rural Households” is used. The data before 2015 are unchanged.

2.1 主要金融指标

Major Financial Indicators

单位：亿元

Unit:100 Million Yuan

	社会融资规模增量 Aggregate Financing to the Real Economy(AFRE, flow)	M2	M1	M0	金融机构人民币各项存款 Total Deposits by All Financial Institutions	储蓄存款 * Savings Deposits*	金融机构人民币各项贷款 Total Loans by All Financial Institutions
2008	69802	425166.6	166217.1	34219.0	466203.3	217885.4	303394.6
2009	139104	610224.5	221445.8	38247.0	597741.1	260771.7	399684.8
2010	140191	725851.8	266621.5	44628.2	718237.9	303302.5	479195.6
2011	128286	851590.9	289847.7	50748.5	809368.3	343635.9	547946.7
2012	157631	974148.8	308664.2	54659.8	917554.8	399551.0	629909.6
2013.01	25446	992129	311229	62450	929345	406604	640767
2013.02	36152	998601	296103	60314	937065	423967	646966
2013.03	61654	1035858	310898	55461	979301	436782	657592
2013.04	79283	1032552	307648	55607	978300	426688	665515
2013.05	91154	1042169	310204	54431	993114	429397	672209
2013.06	101529	1054404	313500	54064	1009122	436697	680837
2013.07	109720	1052212	310596	54413	1006548	432105	687835
2013.08	125560	1061256	314086	54925	1014624	434281	694962
2013.09	139681	1077379	312330	56493	1030892	443127	702832
2013.10	148326	1070242	319509	55596	1026865	436004	707892
2013.11	160637	1079257	324822	56441	1032336	437201	714137
2013.12	173169	1106525	337291	58574	1043847	447602	718961
2014.01	26004	1123521	314901	76489	1034418	462102	732144
2014.02	35374	1131761	316625	62321	1054364	464224	738593
2014.03	56308	1160687	327684	58329	1091022	478315	749090
2014.04	71736	1168813	324483	58616	1084477	464482	756835
2014.05	85728	1182294	327840	58051	1098187	465769	765544
2014.06	105340	1209587	341487	56951	1136075	483673	776337
2014.07	108143	1194249	331347	57347	1116247	471702	780189
2014.08	117720	1197499	332023	57998	1117327	470973	787214
2014.09	129274	1202051	327220	58845	1126570	480906	795786
2014.10	136076	1199236	329618	57692	1124705	475373	801269
2014.11	147588	1208606	335114	58439	1131415	475696	809797
2014.12	164773	1228375	348056	60260	1138645	485261	816770
2015.01	20469	1242710	348106	63041	1224057	506891	836987
2015.02	34046	1257384	334439	72896	1223251	532341	847223
2015.03	46490	1275333	337211	61950	1248866	538399	859069
2015.04	57076	1280779	336388	60772	1257577	527889	866148
2015.05	69469	1307358	343086	59076	1289898	523476	875156
2015.06	87821	1333375	356083	58604	1318292	532829	887947
2015.07	95283	1353211	353122	59011	1339998	532232	902728
2015.08	106204	1356908	362794	59062	1340530	534098	910824
2015.09	119670	1359824	364417	61023	1337338	541749	921337
2015.10	125113	1361021	375806	59900	1343123	535828	926473
2015.11	135553	1373956	387618	60328	1357391	536766	933563
2015.12	154086	1392278	400953	63217	1357022	546078	939540

注 1：自 2006 年 1 月起，货币供应量统计机构范围不再包括信托投资公司和租赁公司，本表 2005 年对该项数据作了同口径调整。

Note 1: Since January 2006, reporting institutions related to statistics of money supply do not include trust and investment companies and leasing companies. Data for 2005 on this table have been adjusted on the same basis accordingly.

注 2：本页 2008 年 4 月以前部分数据口径有所调整。

Note 2: Some data before April 2008 on this page have been adjusted according to the change of coverage.

注 3：自 2011 年起增加社会融资规模增量指标。社会融资规模增量是指在一定时期内（每月、每季度或每年）实体经济（境内非金融企业和住户）从金融体系获得的资金总额。统计数据为年累计数，当期数据为初步数据。

Note 3: Aggregate Financing to the Real Economy(AFRE, flow) was included as a new indicator from 2011. It includes all the funding from the financial system to the real economy during a certain period, such as a month, a quarter or a year,where real economy meams domestic non-financial enterprises and households. In this sheet, data of "AFRE, flow" are yearly accumulated amounts. Statistics for the current period is preliminary.

注 4：自 2011 年 10 月起，货币供应量已包括住房公积金中心存款和非存款类金融机构在存款类金融机构的存款。

Note 4: Since October 2011, money supply has already included deposits in housing provident fund management centers, as well as deposit of un-depository financial institutions with depository financial institutions.

* "居民储蓄存款" 更名为 "储蓄存款"。

* "Savings Deposits" is renamed as "Savings Deposits".

2.2 主要金融指标(消除季节因素)
Major Financial Indicators (Seasonally Adjusted)

单位：亿元
Unit:100 Million Yuan

	M2	M1	M0	金融机构各项存款 Total Deposits by All Financial Institutions	储蓄存款* Savings Deposits*	金融机构各项贷款** Total Loans by All Financial Institutions**
2008	479639.3	161622.1	33535.6	475871.3	222637.5	327912.3
2009	605617.9	213389.4	37422.7	606842.5	265817.8	420197.8
2010	733972.0	261115.2	43509.6	733822.2	307640.0	508033.9
2011	855327.4	282329.8	49234.1	822804.1	346392.0	573327.2
2012	974547.8	297717.4	53596.6	924390.6	404985.3	654075.0
2013.01	990282	306103	54188	944052	407888	659588
2013.02	1001603	304841	55687	949909	414190	666255
2013.03	1020770	313108	56652	967894	422550	676414
2013.04	1026991	310668	56063	974815	423574	680832
2013.05	1037930	311054	56578	985011	428682	687674
2013.06	1038130	310898	56941	988032	429656	694743
2013.07	1058055	313215	57360	1002837	435739	704193
2013.08	1065821	316052	57263	1012225	437870	711794
2013.09	1080236	317262	57187	1024738	443237	720239
2013.10	1086224	320366	57748	1034658	446416	727296
2013.11	1097393	322571	57963	1045505	448832	735492
2013.12	1108443	326484	57585	1055003	451765	742747
2014.01	1119930	314967	60686	1056752	456394	750403
2014.02	1136123	321378	60493	1065383	460962	758071
2014.03	1141098	326327	59151	1076601	463870	766067
2014.04	1165959	327888	59801	1084865	464194	773816
2014.05	1178919	330509	60285	1092060	464110	782238
2014.06	1190819	337562	59941	1109909	474962	790638
2014.07	1196510	334257	60265	1109945	474071	796322
2014.08	1202090	334085	61049	1115171	476997	804304
2014.09	1201451	332682	59621	1119096	479997	812086
2014.10	1216748	330361	59783	1131533	486279	821388
2014.11	1227938	332792	60409	1143487	489975	831927
2014.12	1231646	335230	60101	1149996	492945	841866
2015.01	1247039	344357	55692	1170074	487981	852164
2015.02	1252751	340244	64475	1165870	502636	860513
2015.03	1259597	336870	62411	1157928	500398	869233
2015.04	1274383	341285	61201	1170189	505573	877330
2015.05	1294145	345425	61468	1176761	505316	886303
2015.06	1306496	349028	61432	1183512	507342	895585
2015.07	1345768	355577	61465	1201588	516611	905356
2015.08	1356534	363073	61811	1213021	521925	915068
2015.09	1363750	368868	62565	1220187	524701	925782
2015.10	1378613	376159	62217	1230479	526581	934865
2015.11	1394277	383253	62561	1243127	531740	944841
2015.12	1400459	387380	63096	1249067	532681	955653

* “居民储蓄存款”更名为“储蓄存款”。
* “Savings Deposits” is renamed as “Savings Deposits”.
** 各项贷款按可比口径数据计算，包含2001—2008年剥离出去的不良贷款数据。
** Total loans are calculated on the basis of comparable basis, which include the non-performing loans separated from financial institutions from 2001 to 2008.

2.3 1 社会融资规模增量统计表

Statistics of Aggregate Financing to the Real Economy (AFRE, FLOW)

单位：亿元
Unit: 100 Million Yuan

	社会融资规模增量 Aggregate Financing to the Real Economy (AFRE, flow)	其中 Of Which						
		人民币贷款 RMB Loans	外币贷款（折合人民币） Foreign Currency-denominated Loans (RMB equivalent)	委托贷款 Entrusted Loans	信托贷款 Trust Loans	未贴现的银行承兑汇票 Undiscounted Bankers' Acceptances	企业债券 Net Financing of Corporate Bonds	非金融企业境内股票融资 Equity Financing on the Domestic Stock Market by Non-financial Enterprises
2002.01	-472	240	-11	-12	—	-755	0	40
2002.02	289	530	92	16	—	-402	0	27
2002.03	3136	2554	65	-3	—	315	0	173
2002.04	1151	937	54	119	—	51	10	-56
2002.05	1774	1110	73	74	—	426	10	50
2002.06	2621	2929	88	18	—	-589	78	55
2002.07	813	620	33	45	—	36	10	34
2002.08	1585	1736	-15	-14	—	-233	23	48
2002.09	3507	2885	88	-23	—	296	58	162
2002.10	795	722	16	-27	—	-61	87	27
2002.11	1805	1539	42	-16	—	107	60	34
2002.12	3109	2673	205	0	—	113	30	34
2003.01	3386	3266	106	37	—	-113	25	29
2003.02	998	1091	53	18	—	-277	56	20
2003.03	4041	3725	271	23	—	-41	0	26
2003.04	2622	1945	227	68	—	280	12	47
2003.05	2971	2534	265	2	—	121	5	8
2003.06	5842	5250	299	176	—	13	16	40
2003.07	1344	1062	103	22	—	-34	58	92
2003.08	3321	2808	247	100	—	-5	55	73
2003.09	4040	3035	400	78	—	432	14	34
2003.10	1218	616	148	-10	—	378	15	36
2003.11	1832	1025	202	66	—	355	34	110
2003.12	2498	1295	-37	21	—	902	210	44
2004.01	2114	2540	180	133	—	-851	4	70
2004.02	438	2085	287	138	—	-2174	45	20
2004.03	6557	3726	313	98	—	2316	10	45
2004.04	2731	1995	171	99	—	331	19	70
2004.05	2443	1132	151	1316	—	-263	23	42
2004.06	3229	2821	209	144	—	-119	17	103
2004.07	590	-19	-65	99	—	329	4	194
2004.08	1501	1157	50	162	—	-3	27	59
2004.09	2981	2502	16	115	—	134	130	25
2004.10	483	256	-105	98	—	105	70	16
2004.11	1977	1495	175	358	—	-151	37	5
2004.12	3586	2983	1	357	—	58	82	23
2005.01	3620	2810	727	187	—	-190	20	16
2005.02	824	959	-6	53	—	-251	0	29
2005.03	4189	3607	172	277	—	69	0	6
2005.04	1999	1420	91	200	—	177	47	10
2005.05	1968	1089	206	109	—	92	151	274
2005.06	4723	4653	152	89	—	-323	85	5
2005.07	629	-314	186	202	—	172	330	0
2005.08	2097	1897	-155	153	—	50	90	0
2005.09	6041	3453	-30	171	—	2126	253	0

2.3 2 社会融资规模增量统计表
Statistics of Aggregate Financing to the Real Economy (AFRE, FLOW)

单位：亿元
Unit: 100 Million Yuan

	社会融资规模增量 Aggregate Financing to the Real Economy (AFRE, flow)	其中 Of Which						
		人民币贷款 RMB Loans	外币贷款（折合人民币） Foreign Currency-denominated Loans (RMB equivalent)	委托贷款 Entrusted Loans	信托贷款 Trust Loans	未贴现的银行承兑汇票 Undiscounted Bankers' Acceptances	企业债券 Net Financing of Corporate Bonds	非金融企业境内股票融资 Equity Financing on the Domestic Stock Market by Non-financial Enterprises
2005.10	-974	264	287	215	—	-2141	347	0
2005.11	2368	2251	-136	123	—	-208	265	0
2005.12	2524	1454	-80	184	—	450	422	0
2006.01	6323	5674	114	345	31	-208	303	0
2006.02	1737	1491	71	119	26	-221	204	0
2006.03	7472	5402	159	204	38	1176	299	127
2006.04	3325	3163	128	419	27	-752	271	0
2006.05	3785	2094	108	257	87	886	289	6
2006.06	3843	3655	17	129	75	-420	209	104
2006.07	2254	1634	-65	194	98	100	116	114
2006.08	3362	1900	353	201	68	253	153	357
2006.09	3077	2201	14	228	94	415	-8	52
2006.10	894	169	-12	155	107	128	237	44
2006.11	2788	1935	233	254	68	-179	212	183
2006.12	3837	2204	341	188	107	322	26	548
2007.01	6908	5663	-208	211	124	913	-39	158
2007.02	3083	4138	197	162	108	-1573	-80	65
2007.03	6311	4417	211	100	65	1143	177	128
2007.04	6103	4220	118	460	111	1006	-41	145
2007.05	3824	2473	265	230	245	346	52	137
2007.06	7042	4515	684	243	152	1025	309	20
2007.07	3100	2314	316	331	126	-351	133	149
2007.08	6961	3029	585	421	203	2113	263	256
2007.09	5290	2835	647	270	-3	588	310	548
2007.10	3688	1361	458	-250	434	398	213	992
2007.11	3073	874	525	135	-169	-212	790	1017
2007.12	4281	485	66	1058	307	1306	198	718
2008.01	10859	8058	1235	564	-19	219	75	615
2008.02	4731	2434	1532	93	22	-297	316	557
2008.03	6391	2834	733	82	242	1582	427	367
2008.04	7076	4690	149	537	660	279	333	317
2008.05	5678	3185	209	423	261	1110	2	365
2008.06	5976	3324	97	447	95	1713	0	185
2008.07	4890	3818	-43	373	594	-723	572	188
2008.08	4575	2715	-204	326	323	648	352	290
2008.09	5659	3745	-171	648	445	206	616	50
2008.10	1288	1819	-742	158	451	-1469	948	7
2008.11	4517	4775	-534	355	-143	-717	573	69
2008.12	8164	7645	-314	255	214	-1486	1309	315
2009.01	13990	16177	-582	262	-346	-2232	507	14
2009.02	11131	10715	-288	347	38	-305	447	48
2009.03	22011	18920	291	407	-137	972	1240	119
2009.04	5452	5918	478	339	75	-3247	1557	137
2009.05	14959	6669	1054	619	292	5035	876	238
2009.06	21067	15304	2542	678	297	613	1238	190

2.3 3 社会融资规模增量统计表

Statistics of Aggregate Financing to the Real Economy (AFRE, FLOW)

单位：亿元
Unit: 100 Million Yuan

	社会融资规模增量 Aggregate Financing to the Real Economy (AFRE, flow)	其中 Of Which						
		人民币贷款 RMB Loans	外币贷款（折合人民币） Foreign Currency-denominated Loans (RMB equivalent)	委托贷款 Entrusted Loans	信托贷款 Trust Loans	未贴现的银行承兑汇票 Undiscounted Bankers' Acceptances	企业债券 Net Financing of Corporate Bonds	非金融企业境内股票融资 Equity Financing on the Domestic Stock Market by Non-financial Enterprises
2009.07	7388	3691	752	502	572	295	587	788
2009.08	7650	4104	1315	776	482	-103	634	234
2009.09	11871	5167	1208	1125	869	1310	1678	299
2009.10	5985	2530	1112	708	218	217	723	302
2009.11	9501	2948	1131	670	1294	1178	1909	168
2009.12	8100	3800	252	347	710	874	973	815
2010.01	20550	13934	641	857	265	3449	664	519
2010.02	10877	6999	663	96	496	1425	688	366
2010.03	13830	5107	662	567	1377	4208	1324	365
2010.04	14919	7740	349	635	2039	2309	1192	432
2010.05	10805	6493	-112	623	762	1213	1356	253
2010.06	10196	6027	-18	421	1077	1105	872	468
2010.07	7202	5327	-378	706	231	900	-69	262
2010.08	10646	5446	166	521	-761	3381	1208	419
2010.09	11224	6004	918	626	-713	1679	1883	543
2010.10	8608	5877	346	1027	-297	306	629	483
2010.11	10554	5689	526	1121	-324	1796	719	722
2010.12	10780	4807	1090	1549	-288	1576	594	954
2011.01	17560	10263	862	1272	-98	3157	1012	731
2011.02	6468	5377	347	419	141	-1176	877	270
2011.03	18212	6794	572	1513	47	5631	2682	557
2011.04	13673	7430	492	1407	501	2332	761	448
2011.05	10854	5516	842	1216	180	1695	721	351
2011.06	10873	6339	245	1202	141	1630	536	320
2011.07	5393	4916	9	1232	-28	-1726	422	252
2011.08	10741	5484	376	1409	176	1652	898	350
2011.09	4279	4693	1025	1008	-223	-3361	520	236
2011.10	7908	5868	415	518	90	-1186	1639	244
2011.11	9581	5629	49	595	716	-227	2077	268
2011.12	12744	6406	478	1173	389	1851	1514	350
2012.01	9754	7381	-148	1646	247	-214	442	81
2012.02	10431	7107	526	394	522	-284	1544	229
2012.03	18704	10114	950	770	1018	2821	1974	565
2012.04	9637	6818	96	1015	37	279	887	190
2012.05	11432	7932	302	215	557	380	1441	184
2012.06	17802	9198	1040	789	988	3113	1982	246
2012.07	10522	5401	70	1279	384	218	2486	316
2012.08	12475	7039	743	1046	1238	-846	2579	208
2012.09	16462	6226	1764	1449	2012	2155	2278	158
2012.10	12906	5054	1290	941	1444	729	2992	88
2012.11	11225	5220	1045	1218	1802	-489	1820	107
2012.12	16282	4546	1486	2079	2598	2637	2126	135
2013.01	25446	10721	1795	2061	2108	5798	2248	244
2013.02	10705	6200	1149	1426	1825	-1823	1454	165
2013.03	25503	10625	1509	1748	4312	2731	3870	208

2.3 4 社会融资规模增量统计表

Statistics of Aggregate Financing to the Real Economy (AFRE, FLOW)

单位：亿元
Unit: 100 Million Yuan

	社会融资规模增量 Aggregate Financing to the Real Economy (AFRE, flow)	其中 Of Which						
		人民币贷款 RMB Loans	外币贷款（折合人民币） Foreign Currency-denominated Loans (RMB equivalent)	委托贷款 Entrusted Loans	信托贷款 Trust Loans	未贴现的银行承兑汇票 Undiscounted Bankers' Acceptances	企业债券 Net Financing of Corporate Bonds	非金融企业境内股票融资 Equity Financing on the Domestic Stock Market by Non-financial Enterprises
2013.04	17629	7923	847	1926	1942	2218	2039	274
2013.05	11871	6694	357	1967	971	-1141	2230	231
2013.06	10375	8628	133	1990	1208	-2615	323	126
2013.07	8191	6997	-1157	1927	1151	-1777	476	128
2013.08	15841	7128	-360	2938	1209	3049	1240	136
2013.09	14120	7870	891	2218	1130	-79	1443	113
2013.10	8645	5060	53	1834	431	-345	1078	78
2013.11	12310	6246	122	2704	1006	60	1424	147
2013.12	12532	4824	509	2727	1111	1679	287	369
2014.01	26004	13190	1588	3971	1059	4902	375	454
2014.02	9370	6448	1302	799	747	-1419	1026	169
2014.03	20934	10497	1363	2413	1071	2252	2464	352
2014.04	15259	7745	186	1505	398	789	3664	582
2014.05	14013	8708	-162	1987	125	-94	2797	162
2014.06	19673	10793	357	2616	1200	1445	2626	154
2014.07	2737	3852	-169	1219	-158	-4157	1435	332
2014.08	9577	7025	-201	1751	-515	-1116	1934	217
2014.09	11355	8572	-506	1610	-326	-1410	2338	612
2014.10	6807	5483	-716	1377	-215	-2411	2590	279
2014.11	11459	8527	-26	1270	-314	-668	1807	379
2014.12	17147	6973	540	4551	2102	688	836	658
2015.01	20469	14708	212	832	52	1946	1821	526
2015.02	13564	11437	-146	1299	38	-592	670	542
2015.03	12407	9920	-4	1111	-77	-910	1318	639
2015.04	10557	8045	-265	344	-46	-74	1591	597
2015.05	12362	8510	81	324	-195	961	1675	584
2015.06	18334	13240	560	1414	536	-1028	2082	1051
2015.07	7419	5890	-133	1137	99	-3317	2740	615
2015.08	10856	7756	-620	1198	317	-1577	2880	479
2015.09	13290	10417	-2344	2422	-159	-1279	3524	349
2015.10	5303	5574	-1317	1390	-201	-3697	3041	121
2015.11	10224	8873	-1142	910	-301	-2545	3347	568
2015.12	18151	8323	-1308	3530	370	1545	3560	1531

注 1：社会融资规模增量是指在一定时期内实体经济（境内非金融企业和住户）从金融体系获得的资金总额。

Note 1: Aggregate Financing to the Real Economy(AFRE, flow) includes all the funding from the financial system to the real economy during a certain period, where real economy means domestic non-financial enterprises and households.

注 2：社会融资规模中的本外币贷款是指在一定时期内实体经济从金融体系获得的人民币和外部贷款，不包含银行业金融机构拆放给非银行业金融机构的款项和境外贷款。

Note 2: RBM loans and foreign currency denominated loans in AFRE refer to those issued to the real economy by the financial system during a certain period of time, barring the funds lends to non-bank financial institutions by the banking financial institutions and external loans.

注 3：当期数据为初步统计数。

Note 3: Statistics for the current period is preliminary.

注 4：数据来源于中国人民银行、国家发展和改革委员会、中国证券监督管理委员会、中国保险监督管理委员会、中央国债登记结算有限责任公司和中国银行间市场交易商协会等。

Note 4: In the calculation of AFRE, data were from the PBC, NDRC, CSRC, CIRC, CCDC and NAFMII.

2.4 1 金融机构信贷收支表(人民币)
Sources and Uses of Credit Funds of Financial Institutions (RMB)

单位：亿元
Unit:100 Million Yuan

	资金来源总计 Total Funds Sources	各项存款 Total Deposits	非金融企业存款 Deposits of Non-financial Enterprises	财政存款 Fiscal Deposits	住户存款 Deposits of Households	活期及临时性存款 Demand & Temporary Deposits	定期及其他存款* Time & Other Deposits*	其他类存款** Other Deposits**	金融债券 Financial Bonds	流通中现金 Currency in Circulation	对国际金融机构负债 Liabilities to International Financial Institutions	其他 Other Items
2008	538405.6	466203.3	157632.2	18040.0	217885.4	78585.2	139300.2	72645.7	20852.5	34219.0	732.6	16398.2
2009	681874.8	597741.1	217110.0	22411.5	260771.7	100541.3	160230.4	97447.8	16203.4	38246.0	761.7	28922.6
2010	805879.1	718237.9	244495.6	25455.0	303302.5	124888.6	178413.9	144984.8	13526.9	44628.2	720.1	28766.0
2011.03	828977.4	752838.4	281727.1	29981.6	327629.2	130028.6	197600.5	113500.5	6042.6	44845.2	774.2	24477.0
2011.06	851311.8	786432.6	294263.3	36271.4	333678.6	132640.3	201038.2	122219.3	7597.4	44477.8	795.1	12008.9
2011.09	878645.1	794100.4	290918.5	38160.1	337212.3	130681.8	206530.5	127809.5	7393.6	47145.3	797.3	29208.5
2011.12	900401.6	809368.3	303504.3	26223.1	348045.6	137576.2	210469.4	131595.4	10638.8	50748.5	776.5	29469.5
2012.03	931667.6	846931.7	299252.9	26886.6	380498.1	145083.5	235414.6	140294.1	9016.7	49595.7	765.5	25358.0
2012.06	958431.0	883068.7	311166.7	31522.0	391186.0	148865.3	242320.7	149194.0	7220.7	49284.6	780.4	18076.6
2012.09	983508.1	899647.1	313959.7	32503.8	398069.7	150832.9	247236.8	155113.9	7695.3	53433.5	793.6	21938.6
2012.12	1002434.4	917554.8	327393.7	24426.4	406191.6	158271.8	247919.8	159543.1	8487.6	54659.8	827.7	20904.5
2013.03	1046828	979301	342606	25316	443408	173557	269851	167971	5508	55461	794	5764
2013.06	1076338	1009122	349741	33953	447772	169140	278632	177656	4375	54064	806	7971
2013.09	1105735	1030892	350387	38965	456348	171759	284589	185192	5728	56493	846	11772
2013.12	1132914	1043847	361555	30133	461370	178050	283320	190789	6681	58574	854	22958
2014.03	1172045	1091022	361794	31063	494023	189049	304974	204142	9349	58329	880	12465
2014.06	1204845	1136075	383718	36674	501628	187221	314407	214055	10049	56951	894	876
2014.09	1229317	1126570	369510	41305	497860	179302	318558	217895	10570	58845	880	32452
2014.12	1258000	1138645	378334	35665	502504	182705	319799	222142	9843	60260	867	48385

注 1：对金融机构信贷收支表的说明详见第 100 页。

Note 1: Notes to the sheet of the Sources and Uses of Credit Funds of Financial Institutions can be read on page 100.

注 2：自 2011 年一季度起，部分指标名称和统计口径变动。以前年度数据未作调整。(1) 企业定活期存款更名为非金融企业存款。(2) 储蓄存款更名为住户存款。(3) 活期储蓄更名为活期及临时性存款。(4) 定期储蓄更名为定期及其他存款。

Note 2: As of 2011 Q1, changes have taken place in the name and statistical coverage for certain indicators. Historical data for previous periods are not adjusted accordingly.(1) Demand & Time Deposits of Enterprises is renamed as Deposits of Non-financial Enterprises. (2) Savings Deposits is renamed as Deposits of Households. (3) Demand Deposits under the category of saving deposits is renamed as Demand & Temporary Deposits. (4) Time Deposits under the category of savings deposits is renamed as Time & Other Deposits.

* 定期及其他存款包括定期存款、通知存款、定活两便存款、协议存款、协定存款、保证金存款、结构性存款。

* Time & Other Deposits covers the components of Time Deposits, Notice Deposits, Savings & Time Optional Deposits, Agreed-Term Deposits, Corporate Agreement Savings Deposits, Margin Deposits and Structure Deposits.

** 其他类存款包括各项存款中除非金融企业存款、财政存款、住户存款之外的所有存款。

** Other Deposits covers all the other deposits under Total Deposits excluding Deposits of Non-financial Enterprises, Fiscal Deposits and Deposits of Households.

2.4 2 金融机构信贷收支表（人民币）
Sources and Uses of Credit Funds of Financial Institutions (RMB)

单位：亿元
Unit:100 Million Yuan

	资金运用总计 Total Funds Uses	各项贷款 Total Loans	境内短期贷款 Domestic Short- term Loans	境内中长期贷款 Domestic Medium-term & Long-term Loans	其他类贷款* Other Loans*	有价证券及投资 Portfolio Investment	黄金占款** Position for Gold Purchase**	外汇占款** Position for Foreign Exchange Purchase**	财政借款 Fiscal Debts	在国际金融机构资产 Assets with International Financial Institutions
2008	538405.6	303394.6	125181.7	154999.8	23213.2	65301.9	337.2	168431.1		940.7
2009	681874.8	399684.8	146611.3	222418.8	30654.7	86643.2	669.8	193112.5		1764.5
2010	805879.1	479195.6	166233.4	288930.4	24031.8	98526.1	669.8	225795.1		1692.5
2011.03	828977.4	494740.7	174954.9	302720.9	17064.9	94682.7	669.8	237036.0		1848.2
2011.06	851311.8	514025.4	184264.6	311026.9	18733.9	88091.4	669.8	246680.6		1844.6
2011.09	878645.1	529118.3	191783.3	316972.4	20362.6	91968.6	669.8	255118.2		1770.2
2011.12	900401.6	547946.7	203132.6	323806.5	21007.6	96479.4	669.8	253587.0		1718.7
2012.03	931667.6	572474.8	215703.9	332492.4	24278.5	100323.2	669.8	256493.9		1705.9
2012.06	958431.0	596422.6	226373.8	339859.8	30189.0	103046.9	669.8	256613.4		1678.4
2012.09	983508.1	615089.5	235942.5	347726.9	31420.1	108368.1	669.8	257707.6		1673.1
2012.12	1002434.4	629909.6	248272.8	352907.4	28729.4	111680.9	669.8	258533.5		1640.6
2013.03	1046828	657592	259872	367239	30481	116271	670	270687		1608
2013.06	1076338	680837	269169	378833	32835	119373	670	273887		1571
2013.09	1105753	702832	280495	391820	30517	125480	670	275179		1592
2013.12	1132914	718961	290238	398862	29861	125399	670	286304		1580
2014.03	1172045	749090	302593	416371	30126	126834	670	293852		1599
2014.06	1204845	776337	310624	431646	34067	131723	670	294513		1602
2014.09	1229317	795786	311674	444289	39823	136712	670	294592		1557
2014.12	1258000	816770	314796	459482	42492	144954	670	294090		1516

* 其他类贷款包括各项贷款中除境内短期贷款和境内中长期贷款之外的所有贷款。

* Other Loans include all the loans except Domestic Short-term Loans, Domestic Medium-term and Long-term Loans.

** 中国人民银行 2001 年 12 月、2002 年 12 月对“金银占款”进行了两次调整，自 2002 年一季度起对“外汇占款”进行了调整。自 2009 年 6 月起，本表“金银占款”更名为“黄金占款”。

** Adjustments were made on “Position for Gold and Silver Purchase” by the People’s Bank of China in December 2001 and December 2002. Adjustments have also been made on “Position for Foreign Exchange Purchased” since 2002 Q1. “Position for Gold and Silver Purchase” was renamed as “Position for Gold Purchase” since June 2009.

2.4 3 金融机构信贷收支表(人民币)

Sources and Uses of Credit Funds of Financial Institutions (RMB)

单位：亿元
Unit:100 Million Yuan

	资金来源合计 Total Funds Sources	各项存款 Total Deposits	境内存款 Domestic Deposits	住户存款 Deposits of Households	活期存款 Demand Deposits	定期及其他存款 Time & Other Deposits	非金融企业存款 Deposits of Non-financial Enterprises	活期存款 Demand Deposits	定期及其他存款 Time & Other Deposits	政府存款 Deposits of Government	非银行业金融机构 Deposits of Non-banking Financial Institutions	境外存款 Overseas Deposits	金融债券 Financial Bonds	流通中货币 Currency in Circulation	其他 Other Items
2014.03	1277171	1134571	1118049	494023	189049	304974	361793	134251	227542	200459	61774	16522	9349	58329	74922
2014.06	1328807	1191306	1174482	501628	187221	314407	383717	141436	242281	214796	74341	16824	10049	56951	70501
2014.09	1346639	1187288	1169198	497860	179302	318558	369509	129490	240019	224609	77220	18090	10570	58845	89936
2014.12	1378334	1206922	1188257	502504	182705	319799	378333	143310	235023	221794	85626	18665	9843	60260	101309
2015.03	1434519	1248866	1232919	538399	189934	348465	373435	132701	240734	224339	96746	15947	11612	61950	112091
2015.06	1499209	1318292	1301334	532829	187645	345184	398245	144245	254000	241883	128377	16958	8836	58604	113477
2015.09	1534889	1337338	1323229	541749	194150	347599	404797	147153	257643	250356	126327	14109	9768	61023	126760
2015.12	1586049	1357022	1345783	546078	202869	343209	430247	174586	255661	241832	127625	11239	10062	63217	155749

注 1：本表机构包括中国人民银行、银行业存款类金融机构、银行业非存款类金融机构。

Note 1: Financial institutions in this table include PBC, banking depository financial institutions and banking non-depository financial institutions.

注 2：银行业存款类金融机构包括银行、信用社和财务公司。银行业非存款类金融机构包括信托投资公司、金融租赁公司、汽车金融公司和贷款公司等。

Note 2: Banking depository financial institutions include banks, credit cooperatives and finance companies. Banking non-depository financial institutions include financial trust and investment corporations, financial leasing companies, auto-financing companies, as well as loan companies.

注 3：自 2015 年起，各项存款含非银行业金融机构存放款项，各项贷款含拆放给非银行业金融机构款项。

Note 3: As of 2015, deposits of non-banking financial institutions are covered in total deposits and loans to non-banking financial institutions are covered in total loans.

注 4：本表 2014 年数据，按 2015 年统计口径调整。

Note 4: Historical data for 2014 are adjusted, according to the changes of the statistical coverage as of 2015.

2.4 4 金融机构信贷收支表（人民币）
Sources and Uses of Credit Funds of Financial Institutions (RMB)

单位：亿元
Unit:100 Million Yuan

	资金运用总计 Total Funds Uses	各项贷款 Total Loans	境内贷款 Domestic Loans	住户贷款 Loans to Households	非金融企业及机关团体贷款 Loans to Non-financial Enterprises and Government Departments & Organizations	非银行业金融机构贷款 Loans to Non-banking Financial Institutions	境外贷款 Overseas Loans	债券投资 Portfolio Investments	股权及其他投资 Shares and Other Investments	黄金占款 Position for Bullion Purchase	外汇买卖 Position for Forex Purchase	其他资产 Other Assets
2014.03	1277171	753655	751688	207795	539337	4556	1967	126834	51802	670	293852	50358
2014.06	1328807	783181	781198	217290	557095	6813	1983	131723	56855	670	294513	61865
2014.09	1346639	798506	796478	225062	568717	2699	2028	136716	58324	670	294592	57831
2014.12	1378334	822031	819850	231410	583322	5118	2181	144954	67503	670	294090	49086
2015.03	1434519	859069	856785	240385	610996	5404	2284	150172	83278	670	291865	49465
2015.06	1499209	887947	885445	251030	630088	4327	2502	163373	107246	2059	291574	47011
2015.09	1534889	921337	917947	261515	643631	12801	3391	179326	1127120	2172	274232	45102
2015.12	1586049	939540	936387	270214	657633	8539	3153	197636	134326	2293	265859	46395

2.5 1 存款性公司概览（资产）
Depository Corporations Survey (Assets)

单位：亿元
Unit: 100 Million Yuan

	国外净资产 Net Foreign Assets	国内信贷 Domestic Credit	对政府债权（净） Claims on Government (Net)
2008	178970.6	379378.7	29434.6
2009	198531.5	495889.2	32289.8
2010.03	202280.0	521017.5	29318.3
2010.06	207272.6	540682.5	23749.3
2010.09	215974.1	559825.4	24892.0
2010.12	226045.0	587324.0	34604.3
2011.03	235260.6	611055.8	31899.1
2011.06	243522.6	630497.6	26633.6
2011.09	248704.1	647552.5	27862.7
2011.12	251644.5	687971.6	42363.9
2012.03	258068.1	722026.2	42117.1
2012.06	261277.2	746505.2	38943.2
2012.09	261919.2	772580.9	42051.4
2012.12	258850.9	805593.8	50683.7
2013.03	269482	846427	48555
2013.06	272682	867998	41570
2013.09	272740	899230	41580
2013.12	280986	927007	49044
2014.03	284032	972329	48407
2014.06	289009	1016864	46666
2014.09	288866	1032886	47087
2014.12	288390	1076962	55047
2015.03	294637	1136552	56176
2015.06	294660	1199812	61493
2015.09	287168	1255732	74882
2015.12	280639	1332693	98297

注：自2005年起，将货币当局资产负债表和其他存款性公司资产负债表合并，编制存款性公司概览。2005年之前，原银行概览可以替代存款性公司概览。

Note: Since 2005, the Balance Sheet of Monetary Authority and that of Other Depository Corporations are consolidated to compile the Depository Corporations Survey. To keep comparability, the original Banking Survey could be used as the substitution for Depository Corporation Survey before 2005.

2.5 1 存款性公司概览（资产）
Depository Corporations Survey (Assets)

单位：亿元
Unit: 100 Million Yuan

	对非金融部门债权 Claims on Non-financial Corporations	对其他金融部门债权 Claims on Other Financial Corporations
2008	325640.9	24303.2
2009	437005.3	26594.1
2010.03	463375.4	28323.9
2010.06	485821.5	31111.7
2010.09	504410.5	30522.9
2010.12	512658.5	31061.3
2011.03	542273.6	36883.1
2011.06	562821.9	41042.2
2011.09	579365.7	40324.1
2011.12	600634.5	44973.2
2012.03	629015.1	50894.0
2012.06	653562.3	53999.8
2012.09	675061.9	55467.7
2012.12	694351.5	60558.5
2013.03	729509	68363
2013.06	753847	72581
2013.09	780423	77227
2013.12	796464	81500
2014.03	831078	92845
2014.06	858228	111971
2014.09	878407	107392
2014.12	902513	119402
2015.03	943331	137045
2015.06	978254	160065
2015.09	1011362	169488
2015.12	1051160	183236

2.5 2 存款性公司概览(负债)

Depository Corporations Survey (Liabilities)

单位：亿元
Unit: 100 Million Yuan

	货币和准货币 Money and Quasi-money	货币 Money	流通中现金 Currency in Circulation	活期存款 Demand Deposits	准货币 Quasi-money	定期存款 Time Deposits	储蓄存款 Savings Deposits	其他存款 Other Deposits
2008	475166.6	166217.1	34219.0	131998.2	308949.5	82339.9	217801.4	8808.3
2009	606225.0	220001.5	38246.0	181755.5	386223.5	110872.0	260271.5	15080.0
2010.03	649947.5	229397.9	39080.6	190317.4	420549.5	122943.7	280350.3	17255.5
2010.06	673921.7	240580.0	38904.9	201675.2	433341.7	131674.0	287474.1	14193.7
2010.09	696471.5	243821.9	41854.4	201967.5	452649.6	142865.5	299136.4	10647.8
2010.12	725851.8	266621.5	44628.2	221993.4	459230.3	143232.1	303093.0	12905.2
2011.03	758131.0	266255.6	44845.3	221410.3	491875.4	148781.1	331308.9	11785.4
2011.06	780821.0	274662.7	44477.9	230184.8	506158.3	159299.8	337570.6	9287.9
2011.09	787406.2	267193.2	47145.3	220047.9	520213.0	171105.4	341792.3	7315.3
2011.12	851590.9	289847.7	50748.5	239099.2	561743.2	166616.0	352797.5	42329.7
2012.03	895565.5	277998.1	49595.7	228402.4	617567.4	177916.5	385443.5	54207.4
2012.06	924991.2	287526.2	49284.6	238241.5	637465.6	186605.6	396299.6	54559.8
2012.09	943688.8	286788.2	53433.5	233354.7	656900.6	200657.5	403174.6	53068.5
2012.12	974148.8	308664.2	54659.8	254004.5	665484.6	195940.1	411362.6	58181.9
2013.03	1035858	310898	55461	255438	724960	215733	449007	60220
2013.06	1054404	313500	54064	259436	740904	228029	453411	59464
2013.09	1077379	312330	56493	255838	765049	239080	461958	64010
2013.12	1106525	337291	58574	278717	769234	232697	467031	69506
2014.03	1160687	327684	58329	269354	833004	250779	500399	81825
2014.06	1209587	341487	56951	284536	868100	265644	508025	94431
2014.09	1202051	327220	58845	268375	874831	272197	504262	98372
2014.12	1228375	348056	60260	287797	880318	264056	508878	107385
2015.03	1275333	337211	61950	275261	938122	275189	544694	118239
2015.06	1333375	356083	58604	297479	977293	289329	539127	148836
2015.09	1359824	364417	61023	303394	995407	298571	547874	148962
2015.12	1392278	400953	63217	337737	991325	288241	552073	151011

注：自2001年6月起，将证券公司存放在金融机构的客户保证金计入货币和准货币，含在其他存款（净）项内。

Note: Since June 2001, the margin account of securities companies maintained with financial institutions, as part of Other Items (Net), is included in Money and Quasi-money.

2.5 2 存款性公司概览(负债)
Depository Corporations Survey (Liabilities)

单位：亿元
Unit: 100 Million Yuan

	不纳入广义货币的存款 Deposits Excluded from Broad Money	债券 Bonds	实收资本 Paid-in Capital	其他(净) Other Items (Net)
2008	11210.9	42335.3	21970.8	7665.7
2009	11812.6	52025.0	23290.4	1067.8
2010.03	12389.6	53417.6	23524.9	-15982.0
2010.06	12721.9	55230.3	24061.7	-17980.6
2010.09	13641.3	58304.8	25393.6	-18011.7
2010.12	13566.1	59105.2	26726.5	-11880.7
2011.03	21189.8	64385.4	26982.8	-24372.5
2011.06	22774.9	69587.2	27533.1	-26695.9
2011.09	22757.4	72964.0	28008.0	-14879.1
2011.12	16809.1	75409.7	28861.8	-33055.3
2012.03	20468.7	80404.8	29248.4	-45593.2
2012.06	24465.4	85314.0	29823.5	-56811.6
2012.09	25097.6	88415.5	30291.9	-52993.6
2012.12	24454.1	92318.3	30945.0	-57421.5
2013.03	26890	95986	30772	-73598
2013.06	26581	99130	31216	-70650
2013.09	26844	101362	31872	-65487
2013.12	25940	103672	32766	-60910
2014.03	28640	108254	33107	-74327
2014.06	32792	113378	33666	-83550
2014.09	33008	118474	34121	-65903
2014.12	31136	123119	36630	-53908
2015.03	36495	129897	37931	-48466
2015.06	34231	139065	39132	-51331
2015.09	36665	147649	40956	-42192
2015.12	36440	160004	43214	-18604

2.6 1 货币当局资产负债表(资产)
Balance Sheet of Monetary Authority (Assets)

单位：亿元
Unit: 100 Million Yuan

	国外资产* Foreign Assets*	外汇** Foreign Exchange**	货币黄金** Monetary Gold**	其他国外资产 Other Foreign Assets	对政府债权*** Claims on Government***
2008	162543.5	149624.3	337.2	12582.0	16196.0
2009	185333.0	175154.6	669.8	9508.6	15662.0
2010.03	192119.0	182310.8	669.8	9138.3	15625.9
2010.06	198356.3	188704.0	669.8	8982.5	15621.2
2010.09	204810.6	195222.5	669.8	8918.3	15551.9
2010.12	215419.6	206766.7	669.8	7983.1	15421.1
2011.03	226277.5	217476.5	669.8	8131.2	15404.8
2011.06	234697.9	226386.7	669.8	7641.3	15404.8
2011.09	241200.8	233853.6	669.8	6677.4	15399.7
2011.12	237898.1	232388.7	669.8	4839.5	15399.7
2012.03	240694.6	235799.5	669.8	4225.3	15349.1
2012.06	239978.3	235189.8	669.8	4118.6	15349.1
2012.09	240190.5	235297.0	669.8	4223.7	15313.7
2012.12	241416.9	236669.9	669.8	4077.1	15313.7
2013.03	254127	246103	670	7354	15314
2013.06	257854	249869	670	7315	15313
2013.09	261561	253549	670	7343	15313
2013.12	272234	264270	670	7294	15313
2014.03	280178	272149	670	7359	15313
2014.06	280169	272131	670	7369	15313
2014.09	280121	272018	670	7433	15313
2014.12	278623	270681	670	7272	15313
2015.03	276073	268161	670	7242	15313
2015.06	276555	267149	2095	7311	15313
2015.09	262214	258244	2208	1762	15313
2015.12	253831	248538	2330	2964	15313

注：自2008年起，本表增设“不计入储备货币的金融性公司存款”项目，删除原表中“非金融性公司存款”项目及其子项“活期存款”。
Note: Since 2008, the item of “Deposits of Financial Corporations not included in Reserve Money” has been added to the balance sheet and the items of “Deposits of Non-financial Corporations” and “Demand Deposits” have been excluded from the balance sheet.

* 国外资产：自2005年起，本表国外资产不再以净值反映。

* Foreign Assets: Since 2005, foreign assets are no longer presented on a net basis for this sheet.

** 中国人民银行2001年12月、2002年12月对“金银占款”进行了两次调整，自2002年一季度起对“外汇占款”进行了调整。

** Adjustments were made on “Position for Gold and Silver Purchase” by the People's Bank of China in December 2001 and December 2002. Adjustments have also been made on “Position for Foreign Exchange Purchased” since 2002 Q1.

*** 自2001年起，包括中国人民银行所持有的国家债券。

*** Since 2001, the government bonds held by the People's Bank of China have been included in this item.

2.6 1 货币当局资产负债表(资产)
Balance Sheet of Monetary Authority (Assets)

单位：亿元
Unit: 100 Million Yuan

	对其他存款性公司债权* Claims on Other Depository Corporations*	对其他金融性公司债权* Claims on Other Financial Corporations*	对非金融性公司债权 Claims on Non-financial Corporations	其他资产 Other Assets	总资产 Total Assets
2008	8432.5	11852.7	44.1	8027.2	207096.0
2009	7161.9	11530.2	44.0	7799.5	227530.5
2010.03	8618.2	11514.6	44.0	8169.1	236090.7
2010.06	8966.5	11498.5	44.0	8445.5	242932.0
2010.09	9136.4	11465.8	44.0	7675.3	248683.9
2010.12	9485.7	11325.8	25.0	7597.7	259274.9
2011.03	9561.5	11318.8	25.0	6230.5	268818.1
2011.06	9678.0	11253.9	25.0	7018.9	278078.6
2011.09	9556.6	11244.8	25.0	7485.3	284912.2
2011.12	10247.5	10644.0	25.0	6763.3	280977.6
2012.03	10551.5	10635.1	25.0	6767.1	284022.4
2012.06	13303.7	10625.3	25.0	6789.7	286071.1
2012.09	17901.8	10234.0	25.0	5992.8	289657.8
2012.12	16701.1	10038.6	25.0	11041.9	294537.2
2013.03	11375	10026	25	8074	298940
2013.06	16182	10219	25	7149	306741
2013.09	16681	10242	25	7369	311191
2013.12	13148	8907	25	7652	317279
2014.03	12384	8818	25	9930	326647
2014.06	14557	8809	25	10826	329699
2014.09	21015	8732	25	11055	336262
2014.12	24985	7849	12	11467	338249
2015.03	31479	7847	41	11473	342226
2015.06	23264	7696	55	14193	337076
2015.09	25235	9697	57	13523	326039
2015.12	26626	6657	72	15339	317837

* 自2005年起，本表采用其他存款性公司和其他金融性公司分类，其机构范围详见第100页[注1]。2005年之前，存款货币银行和特定存款机构加总的数据可以替代其他存款性公司数据，其他金融机构的数据可以替代其他金融性公司数据。

* For this sheet, new classification is adopted since 2005. Please refer to the note 1 on page 100 for the particular institution coverage of other depository corporations and other financial corporations.To keep comparability, the data of other depository corporations before 2005 could be approximately substituted by the aggregation of deposit money banks and specific monetary institutions. Similarly, data of other financial corporations could be substituted by data of other financial institutions before 2005.

2.6 2 货币当局资产负债表(负债)

Balance Sheet of Monetary Authority (Liabilities)

单位：亿元
Unit: 100 Million Yuan

	储备货币 Reserve Money	货币发行 Currency Issue	金融性公司存款 Deposits of Financial Corporations	其他存款性公司存款* Deposits of Other Depository Corporations*	其他金融性公司存款* Deposits of Other Financial Corporations*	非金融性公司存款 Deposits of Non- financial Corporations	不计入储备货币的金融性公司存款 Deposits of Financial Corporations not Included in Reserve Money
2008	129222.3	37115.8	92106.6	91894.7	211.9	0.0	591.2
2009	143985.0	41555.8	102429.2	102280.7	148.5	0.0	624.8
2010.03	150032.8	42836.1	107196.8	107057.7	139.1	0.0	649.6
2010.06	154234.5	42566.9	111667.6	111506.4	161.2	0.0	612.4
2010.09	161320.3	46219.8	115100.5	114945.7	154.8	0.0	639.6
2010.12	185311.1	48646.0	136665.1	136480.9	184.2	0.0	657.2
2011.03	192565.4	49272.5	143292.9	143292.9	—	0.0	978.4
2011.06	203469.9	48815.9	154654.0	154654.0	—	0.0	802.6
2011.09	212204.2	52203.2	160000.9	160000.9	—	0.0	860.6
2011.12	224641.8	55850.1	168791.7	168791.7	—	0.0	908.4
2012.03	226684.3	54378.6	172305.7	172305.7	—	0.0	1106.9
2012.06	228050.9	54294.3	173756.5	173756.5	—	0.0	1182.3
2012.09	236032.6	59177.8	176854.8	176854.8	—	0.0	1297.1
2012.12	252345.2	60646.0	191699.2	191699.2	—	0.0	1348.9
2013.03	253650	61331	192319	192319	—	0.0	1350
2013.06	257776	59831	197945	197945	—	0.0	1317
2013.09	263138	63041	200097	200097	—	0.0	1268
2013.12	271023	64981	206042	206042	—	0.0	1330
2014.03	274741	64816	209925	209925	—	0.0	1366
2014.06	279899	63260	216638	216638	—	0.0	1571
2014.09	285299	65545	219754	219754	—	0.0	1662
2014.12	294093	67151	226942	226942	—	0.0	1558
2015.03	295753	69078	226675	226675	—	0.0	1729
2015.06	288780	65112	223668	223668	—	0.0	1692
2015.09	279677	68455	211222	211222	—	0.0	1843
2015.12	276377	69886	206492	206492	—	0.0	2826

注 1：自 2011 年起，采用国际货币基金组织关于储备货币的定义，不再将其他金融性公司在货币当局的存款计入储备货币。

Note 1: As of 2011, new definition of reserve money defined by International Monetary Fund (IMF) is adopted. Deposits of Other Financial Corporations with the monetary authority will no longer be included in reserve money.

* 见第 23 页脚注。

* See footnote on page 23.

2.6 2 货币当局资产负债表(负债)
Balance Sheet of Monetary Authority (Liabilities)

单位:亿元
Unit: 100 Million Yuan

	债券发行 Bonds Issue	国外负债 Foreign Liabilities	政府存款 Government Deposits	自有资金 Self-owned Capital	其他负债 Other Liabilities	总负债 Total Liabilities
2008	45779.8	732.6	16963.8	219.8	13586.5	207096.0
2009	42064.2	761.7	21226.4	219.8	18648.6	227530.5
2010.03	43442.3	746.7	23251.0	219.8	17748.5	236090.7
2010.06	46975.2	719.1	31023.0	219.8	9148.1	242932.0
2010.09	44005.2	715.7	32458.8	219.8	9324.5	248683.9
2010.12	40497.2	720.1	24277.3	219.8	7592.2	259274.9
2011.03	31160.3	4579.9	27289.0	219.8	12025.2	268818.1
2011.06	27266.1	4866.4	34542.1	219.8	6911.7	278078.6
2011.09	22451.0	4671.9	35711.8	219.8	8793.1	284912.2
2011.12	23336.7	2699.4	22733.7	219.8	6438.0	280977.6
2012.03	21440.0	1846.6	23085.2	219.8	9639.7	284022.4
2012.06	18690.9	1097.1	27550.3	219.8	9280.0	286071.1
2012.09	17464.2	1241.5	28149.1	219.8	5253.6	289657.8
2012.12	13880.0	1464.2	20753.3	219.8	4525.9	294537.2
2013.03	13880	1296	22757	220	5788	298940
2013.06	10382	1127	32330	220	3589	306741
2013.09	7878	1818	34481	220	2389	311191
2013.12	7762	2088	28611	220	6245	317279
2014.03	7762	1999	28963	220	11594	326647
2014.06	7132	1477	33283	220	6171	329699
2014.09	6922	1964	36787	220	3407	336262
2014.12	6522	1834	31275	220	2747	338249
2015.03	6522	1405	29829	220	6768	342226
2015.06	6522	1466	32481	220	5915	337076
2015.09	6522	1650	31542	220	4585	326039
2015.12	6572	1807	27179	220	2855	317837

2.7 1 其他存款性公司资产负债表(资产)

Balance Sheet of Other Depository Corporations (Assets)

单位：亿元
Unit: 100 Million Yuan

	国外资产 Foreign Assets	储备资产 Reserve Assets			对政府债权 Claims on Government	对中央银行债权 Claims on Central Bank
			准备金存款 Deposits with Central Bank	库存现金 Cash in Vault		
2008	22303.1	93915.3	91018.5	2896.8	30202.4	42683.0
2009	18745.4	104554.7	101244.9	3309.8	37854.2	55221.6
2010.03	16958.0	109344.9	105589.4	3755.5	36943.4	52990.7
2010.06	16310.3	114018.8	110356.7	3662.1	39151.1	47761.7
2010.09	18575.3	117271.5	112906.1	4365.4	41798.9	45570.8
2010.12	18524.8	136835.0	132817.1	4017.9	43460.5	40274.2
2011.03	20801.4	146871.3	142444.1	4427.2	43783.3	35632.3
2011.06	21977.5	158159.9	153821.9	4338.0	45770.8	26612.2
2011.09	20353.6	164084.2	159026.3	5057.9	48174.7	23719.8
2011.12	24211.7	173004.1	167902.5	5101.6	49697.9	22324.0
2012.03	27857.3	176422.0	171639.1	4782.9	49853.2	22898.8
2012.06	32057.3	178259.3	173249.7	5009.7	51144.4	19392.5
2012.09	31760.7	182267.8	176523.5	5744.3	54886.8	15461.5
2012.12	28798.5	197132.5	191146.3	5986.2	56123.3	12709.0
2013.03	28622	197788	191918	5870	55998	15210
2013.06	28686	203120	197352	5767	58587	10184
2013.09	27769	206057	199509	6549	60748	6136
2013.12	28814	211776	205369	6406	62341	10301
2014.03	29879	216345	209859	6486	62057	15966
2014.06	35152	223025	216716	6309	64636	10314
2014.09	35940	226343	219644	6700	68562	7579
2014.12	36689	233489	226597	6892	71010	6564
2015.03	40916	233401	226272	7128	70692	6569
2015.06	40915	233977	227469	6508	78662	6429
2015.09	43383	224110	216678	7432	91111	6403
2015.12	41595	219330	212661	6669	110163	6229

注：自2008年起，本表项目中原"央行债券"更名为"对中央银行债权"。
Note: Since 2008, the item of "Central Bank Bonds" is renamed as "Claims on Central Bank".

2.7 1 其他存款性公司资产负债表(资产)
Balance Sheet of Other Depository Corporations (Assets)

单位：亿元
Unit: 100 Million Yuan

	对其他存款性公司债权* Claims on Other Depository Corporations*	对其他金融性公司债权* Claims on Other Financial Corporations*	对非金融性公司债权 Claims on Non-financial Corporations	对其他居民部门债权 Claims on Other Resident Sectors	其他资产 Other Assets	总资产 Total Assets
2008	75741.1	12450.5	268459.8	57136.9	38609.5	641501.7
2009	94819.6	15064.0	355349.7	81611.6	46009.5	809230.4
2010.03	119775.9	16809.3	370545.6	92785.8	51415.9	867569.5
2010.06	122930.0	19613.2	384817.3	100960.2	50855.6	896418.2
2010.09	132375.6	19057.1	397254.5	107112.1	53942.4	932958.1
2010.12	134452.8	19735.5	409539.1	112094.4	46692.4	961608.6
2011.03	154450.0	25564.4	423349.3	118899.3	47948.5	1017299.8
2011.06	166119.0	29788.2	436947.9	125849.0	50642.7	1061867.2
2011.09	161523.0	29079.3	448125.0	131215.7	51949.8	1078225.2
2011.12	179466.0	34329.2	465395.2	135214.4	54224.7	1137867.1
2012.03	209443.7	40258.9	488787.6	140202.5	53184.8	1208908.7
2012.06	233288.4	43374.5	507098.1	146439.2	57630.2	1268684.0
2012.09	222477.8	45233.7	520718.0	154318.9	58580.9	1285706.0
2012.12	237024.6	50519.9	534132.7	160193.8	60228.6	1336862.8
2013.03	262063	58337	559589	169895	66392	1413896
2013.06	259554	62362	573036	180785	70700	1447015
2013.09	253805	66985	589768	190630	71914	1473812
2013.12	260442	72592	599575	196864	82046	1524752
2014.03	279595	84027	625037	206016	84970	1603891
2014.06	293407	103162	642770	215432	85778	1673677
2014.09	278523	98661	655324	223057	88931	1682922
2014.12	280389	111553	673286	229216	79835	1722030
2015.03	279794	129198	705301	237989	86130	1789988
2015.06	302876	152369	729637	248562	86872	1880298
2015.09	301714	159792	752395	258910	95716	1933533
2015.12	314186	176579	783762	267326	72385	1991556

* 自2005年起，本表采用其他存款性公司和其他金融性公司分类，其机构范围详见第100页[注1]。2005年之前，存款货币银行和特定存款机构加总的数据可以替代其他存款性公司数据，其他金融机构的数据可以替代其他金融性公司数据。

* For this sheet, new classification is adopted since 2005. Please refer to the note 1 on page100 for the particular institution coverage of other depository corporations and other financial corporations.To keep comparability, the data of other depository corporations before 2005 could be approximately substituted by the aggregation of deposit money banks and specific monetary institutions. Similarly, data of other financial corporations could be substituted by data of other financial institutions before 2005.

2.7 2 其他存款性公司资产负债表(负债)

Balance Sheet of Other Depository Corporations (Liabilities)

单位：亿元
Unit: 100 Million Yuan

	对非金融机构及住户负债 Liabilities to Non-financial Institutions & Households	纳入广义货币的存款 Deposits Included in Broad Money	企业活期存款 Demand Deposits of Enterprises	企业定期存款 Time Deposits of Enterprises	居民储蓄存款 Household Savings Deposits	不纳入广义货币的存款 Deposits Excluded from Broad Money	可转让存款 Transferable Deposits	其他存款 Other Deposits	其他负债 Other Liabilities	对中央银行负债 Liabilities to Central Bank
2008	447253.5	432139.4	131998.2	82339.9	217801.4	11210.9	4339.2	6871.8	3903.2	4610.0
2009	567114.1	552899.0	181755.5	110872.0	260271.5	11812.6	5319.2	6493.4	2402.5	4988.9
2010.03	608534.8	593611.4	190317.4	122943.7	280350.3	12389.6	5371.7	7017.9	2533.9	5569.6
2010.06	636131.7	620823.2	201675.2	131674.0	287474.1	12721.9	5509.8	7212.1	2586.5	5215.4
2010.09	660345.9	643969.3	201967.5	142865.5	299136.4	13641.3	5493.7	8147.7	2735.2	5328.5
2010.12	684857.8	668318.5	221993.4	143232.1	303093.0	13566.1	6081.9	7484.2	2973.2	5629.0
2011.03	726488.7	701500.3	221410.3	148781.1	331308.9	21189.8	7542.7	13647.1	3798.6	4915.1
2011.06	753967.7	727055.2	230184.8	159299.8	337570.6	22774.9	8005.5	14769.3	4137.7	5263.0
2011.09	760469.3	732945.6	220047.9	171105.4	341792.3	22757.4	7020.9	15736.5	4766.4	6081.7
2011.12	780043.9	758512.7	239099.2	166616.0	352797.5	16809.1	7118.5	9690.6	4722.1	6763.9
2012.03	816395.4	791762.4	228402.4	177916.5	385443.5	20468.7	7032.7	13436.0	4164.3	7619.6
2012.06	850305.6	821146.7	238241.5	186605.6	396299.6	24465.4	7541.8	16923.5	4693.4	10239.5
2012.09	867498.4	837186.8	233354.7	200657.5	403174.6	25097.6	7463.6	17634.0	5214.0	14714.1
2012.12	891427.9	861307.2	254004.5	195940.1	411362.6	24454.1	8036.1	16418.0	5666.6	13903.1
2013.03	952642	920178	255438	215733	449007	26890	8070	18820	5573	8881
2013.06	972848	940876	259436	228029	453411	26581	8228	18353	5392	14429
2013.09	989356	956876	255838	239080	461958	26844	7667	19178	5635	15030
2013.12	1012779	978444	278717	232697	467031	25940	7454	18486	8394	11663
2014.03	1056771	1020533	269354	250779	500399	28640	7253	21387	7598	11691
2014.06	1097646	1058206	284536	265644	508025	32792	7928	24864	6648	15285
2014.09	1086316	1044834	268375	272197	504262	33008	7815	25194	8473	21890
2014.12	1102203	1060731	287797	264056	508878	31136	8157	22979	10336	26617
2015.03	1143386	1095144	275261	275189	544694	36495	8966	27529	11748	34527
2015.06	1173336	1125935	297479	289329	539127	34231	8509	25723	13170	32126
2015.09	1203732	1149839	303394	298571	547874	36665	9381	27283	17228	31296
2015.12	1249743	1178051	337737	288241	552073	36440	10806	25634	35252	33638

2.7 2 其他存款性公司资产负债表(负债)
Balance Sheet of Other Depository Corporations (Liabilities)

单位：亿元
Unit: 100 Million Yuan

	对其他存款性公司负债* Liabilities to Other Depository Corporations*	对其他金融性公司负债* Liabilities to Other Financial Corporations*	计入广义货币的存款 Deposits Included in Broad Money	国外负债 Foreign Liabilities	债券发行 Bonds Issue	实收资本 Paid-in Capital	其他负债 Other Liabilities	总负债 Total Liabilities
2008	32580.3	32029.8	8808.3	5143.4	42335.3	21751.1	55798.4	641501.7
2009	45519.7	45593.2	15080.0	4785.2	52025.0	23070.6	66133.7	809230.4
2010.03	52270.0	44984.1	17255.5	6050.2	53417.6	23305.2	73438.0	867569.5
2010.06	51927.4	43373.1	14193.7	6675.0	55230.3	23842.0	74023.4	896418.2
2010.09	55221.1	40139.8	10647.8	6696.0	58304.8	25173.8	81748.2	932958.1
2010.12	55748.4	44255.2	12905.2	7179.4	59105.2	26506.8	78326.9	961608.6
2011.03	62803.9	40556.5	11785.4	7238.4	64385.4	26763.0	84148.9	1017299.8
2011.06	68211.9	41217.5	9287.9	8286.3	69587.2	27313.3	88020.3	1061867.2
2011.09	69259.0	40497.8	7315.3	8178.4	72964.0	27788.3	92986.7	1078225.2
2011.12	85082.0	52210.9	42329.7	7765.9	75409.7	28642.0	101948.9	1137867.1
2012.03	99761.6	60329.0	54207.4	8637.3	80404.8	29028.6	106732.3	1208908.7
2012.06	108076.0	60753.5	54559.8	9661.4	85314.0	29603.8	114730.4	1268684.0
2012.09	98311.8	58809.9	53068.5	8790.4	88415.5	30072.1	119093.8	1285706.0
2012.12	108636.3	62999.2	58181.9	9900.3	92318.3	30725.3	126952.6	1336862.8
2013.03	111646	64525	60220	11972	95986	30552	137692	1413896
2013.06	107641	65250	59464	12732	99130	30996	143989	1447015
2013.09	102470	69570	64010	14772	101362	31652	149600	1473812
2013.12	110398	74805	69506	17973	103672	32546	160916	1524752
2014.03	112140	86323	81825	24025	108254	32888	171800	1603891
2014.06	114186	98502	94431	24835	113378	33446	176399	1673677
2014.09	107682	103207	98372	25232	118474	33901	186219	1682922
2014.12	111118	112401	107385	25088	123119	36410	185075	1722030
2015.03	107779	122365	118239	20946	129897	37711	193378	1789988
2015.06	118407	154897	148836	21344	139065	38912	202210	1880298
2015.09	117975	152605	148962	16779	147649	40736	222763	1933533
2015.12	131306	155915	151011	12978	160004	42995	204978	1991556

* 见第 27 页脚注。
* See footnote on page 27 .

2.8 1 中资大型银行资产负债表(资产)
Balance Sheet of Large-sized Domestic Banks (Assets)

单位：亿元
Unit: 100 Million Yuan

	国外资产 Foreign Assets	储备资产 Reserve Assets			对政府债权 Claims on Government	对中央银行债权 Claims on Central Bank
			准备金存款 Deposits with Central Bank	库存现金 Cash in Vault		
2009.12	13006.2	63801.1	61922.5	1878.7	25647.1	48571.6
2010.03	12787.9	70747.9	68655.5	2092.4	25018.3	48580.8
2010.06	12307.2	72707.2	70710.9	1996.3	26379.2	43469.4
2010.09	14366.2	75199.1	72723.5	2475.6	28154.3	41438.1
2010.12	14034.0	82875.6	80573.5	2302.1	29350.0	36484.1
2011.03	15281.2	93259.4	90776.6	2482.8	29660.5	32462.0
2011.06	15803.5	99021.9	96640.9	2381.0	31011.5	23990.6
2011.09	14366.8	102720.5	99878.6	2842.0	32664.4	21495.0
2011.12	17393.5	102283.7	99371.7	2912.0	33518.2	19509.6
2012.03	20822.2	108535.4	105862.5	2672.9	33560.0	20535.1
2012.06	24421.0	107861.8	105114.0	2747.8	34620.9	17186.2
2012.09	23873.5	108784.6	105463.1	3321.6	37737.1	13530.5
2012.12	20196.3	111464.9	108019.0	3445.9	38753.5	11466.8
2013.03	19957	115378	112076	3302	38837	13446
2013.06	19929	116172	113009	3163	40139	8890
2013.09	18978	117421	113672	3749	40712	5735
2013.12	19356	114779	111158	3621	40884	9906
2014.03	20058	122260	118656	3605	40642	13725
2014.06	23244	123488	120044	3444	41468	9585
2014.09	22990	125882	122057	3825	42802	7073
2014.12	23268	122515	118638	3877	43799	6230
2015.03	26644	132277	128436	3841	43798	6190
2015.06	26415	129927	126453	3474	48492	5998
2015.09	26227	122904	118657	4247	55820	5968
2015.12	24885	111191	107457	3734	70540	5908

2.8 1 中资大型银行资产负债表(资产)
Balance Sheet of Large-sized Domestic Banks (Assets)

单位：亿元
Unit: 100 Million Yuan

	对其他存款性公司债权 Claims on Other Depository Corporations	对其他金融性公司债权 Claims on Other Financial Corporations	对非金融性公司债权 Claims on Non-financial Corporations	对其他居民部门债权 Claims on Other Resident Sectors	其他资产 Other Assets	总资产 Total Assets
2009.12	50599.4	11633.7	205591.5	44987.7	32241.8	496080.0
2010.03	59848.6	11485.0	217133.6	49753.7	36074.1	531429.8
2010.06	59333.8	12697.0	223910.5	54177.4	34527.4	539509.0
2010.09	63047.3	11878.6	230665.5	57538.2	38313.7	560600.9
2010.12	62085.7	12056.7	236938.3	60572.7	31055.0	565452.0
2011.03	70146.5	15411.8	246176.1	63944.3	31475.5	597817.3
2011.06	76870.8	19152.6	252522.9	67562.3	33466.8	619402.9
2011.09	73822.2	18404.9	258428.5	70755.1	33317.5	625974.9
2011.12	79116.9	20576.7	266750.3	73526.7	34048.3	646723.8
2012.03	95425.3	22733.7	278972.2	76067.5	33845.6	690497.0
2012.06	102779.8	23844.6	286210.4	79054.1	36365.6	712344.4
2012.09	97779.0	23636.0	291755.8	83408.8	37806.8	718312.1
2012.12	102248.2	24668.7	297056.5	86878.8	39975.2	732708.7
2013.03	115153	22626	309102	91904	45244	771646
2013.06	116535	20811	314164	97432	49267	783339
2013.09	114513	20966	322991	102191	50038	793545
2013.12	112958	22269	328233	105640	59570	813596
2014.03	117008	24782	339685	110341	61508	850008
2014.06	124525	36375	347254	114987	60473	881399
2014.09	118424	33304	353218	118820	62409	884922
2014.12	119072	36984	359189	121801	53023	885880
2015.03	116838	40069	374416	126419	55683	922334
2015.06	135279	38927	385118	131496	54604	956256
2015.09	126981	43583	398181	137370	61483	978518
2015.12	131167	47455	416235	142373	38640	988393

2.8 2 中资大型银行资产负债表(负债)
Balance Sheet of Large-sized Domestic Banks (Liabilities)

单位：亿元
Unit: 100 Million Yuan

	对非金融机构及住户负债 Liabilities to Non-financial Institutions & Households	纳入广义货币的存款 Deposits Included in Broad Money	企业活期存款 Demand Deposits of Enterprises	企业定期存款 Time Deposits of Enterprises	居民储蓄存款 Household Savings Deposits	不纳入广义货币的存款 Deposits Excluded from Broad Money	可转让存款 Transferable Deposits	其他存款 Other Deposits	其他负债 Other Liabilities	对中央银行负债 Liabilities to Central Bank
2009.12	353520.1	344067.3	107485.7	55849.9	180731.7	7547.1	3132.6	4414.4	1905.8	1131.8
2010.03	379411.7	369316.5	112972.9	61699.5	194644.2	7993.7	3221.8	4771.9	2101.5	1206.2
2010.06	389902.0	379653.8	117787.9	64084.0	197781.9	8189.4	3246.5	4942.9	2058.8	625.9
2010.09	402775.1	392070.0	117644.7	68454.5	205970.7	8558.9	3014.9	5544.0	2146.2	660.9
2010.12	409775.7	399275.4	125919.8	66650.5	206705.2	8180.9	3306.3	4874.6	2319.4	898.1
2011.03	439940.9	422689.0	127393.3	70306.9	224988.8	14062.8	4279.8	9783.0	3189.1	881.9
2011.06	453380.0	435086.0	132607.1	74708.2	227770.7	14953.9	4529.3	10424.5	3340.1	1000.9
2011.09	456075.1	437393.0	125738.0	81606.3	230048.7	14841.8	3833.4	11008.4	3840.3	1614.5
2011.12	458964.2	445941.3	134650.3	76395.0	234896.1	9357.3	3636.1	5721.2	3665.6	2076.6
2012.03	484574.0	469257.8	129832.8	82129.6	257295.4	12142.7	3716.8	8425.8	3173.6	2828.0
2012.06	498794.6	480646.1	134296.5	83849.5	262500.1	14502.0	4002.7	10499.3	3646.4	3102.1
2012.09	504604.9	486132.9	130754.4	89723.8	265654.7	14459.0	3862.0	10597.0	4013.1	5872.6
2012.12	508789.6	491047.7	139933.0	84401.2	266713.6	13487.5	4070.8	9416.7	4254.4	4071.3
2013.03	541026	522616	140834	92649	289133	14443	4164	10279	3967	3389
2013.06	545125	527835	141671	98046	288118	13778	4235	9543	3511	6845
2013.09	552735	535314	139302	102987	293025	13831	3948	9883	3590	7274
2013.12	559213	540342	148850	98546	292946	13077	3587	9490	5793	4128
2014.03	584020	564109	146816	105647	311646	14590	3567	11024	5320	3541
2014.06	597192	576593	152656	111297	312639	16277	3601	12677	4322	6309
2014.09	588747	567165	144757	112863	309544	15609	3534	12074	5973	12162
2014.12	588823	567167	149263	107492	310412	14089	3732	10357	7566	12630
2015.03	618824	592156	148110	111368	332678	17598	4116	13482	9070	17731
2015.06	626352	599891	158510	115631	325750	16340	3957	12382	10121	20556
2015.09	640429	608856	159844	118251	330761	17388	4216	13172	14185	18985
2015.12	661772	612007	169087	112676	330244	17738	5022	12716	32028	19560

注：“中资大型银行资产负债表”机构范围见第102页[注2]。
Note: Please refer to note 2 on page 102 for the information of institutional coverage of the “Balance Sheet of Large-sized Domestic Banks”.

2.8 2 中资大型银行资产负债表(负债)
Balance Sheet of Large-sized Domestic Banks (Liabilities)

单位：亿元
Unit: 100 Million Yuan

	对其他存款性公司负债 Liabilities to Other Depository Corporations	对其他金融性公司负债 Liabilities to Other Financial Corporations	计入广义货币的存款 Deposits Included in Broad Money	国外负债 Foreign Liabilities	债券发行 Bonds Issue	实收资本 Paid-in Capital	其他负债 Other Liabilities	总负债 Total Liabilities
2009.12	17802.6	28819.1	10636.6	2286.6	35907.9	14196.5	42415.5	496080.0
2010.03	19190.4	30441.8	12221.4	2228.5	37204.4	14196.1	47550.7	531429.8
2010.06	19273.9	28234.1	9866.3	2553.2	38313.5	14326.8	46279.6	539509.0
2010.09	20155.9	25620.6	7595.8	2437.3	40874.8	15190.1	52886.1	560600.9
2010.12	19677.9	27722.7	8774.6	2557.9	41058.6	15849.6	47911.5	565452.0
2011.03	19691.5	23368.2	8117.1	2940.6	44948.8	15835.4	50210.0	597817.3
2011.06	22746.5	22687.1	6403.3	3281.3	48243.3	15884.4	52179.6	619402.9
2011.09	24754.5	20927.3	4891.7	2913.9	49943.4	15915.5	53830.7	625974.9
2011.12	27970.8	29337.6	24374.9	2717.5	50957.0	15904.7	58795.4	646723.8
2012.03	34446.2	34157.2	31226.3	3027.5	53140.6	15945.6	62377.9	690497.0
2012.06	33143.5	34718.8	31934.8	3642.4	56091.5	15952.3	66899.3	712344.4
2012.09	28312.1	32073.5	29800.1	3475.6	57901.5	16079.5	69992.4	718312.1
2012.12	30249.6	33285.6	31754.0	4203.3	60293.3	16070.6	75745.6	732708.7
2013.03	24549	34279	32881	5673	61816	16067	84846	771646
2013.06	21912	34269	32106	5762	63405	16048	89974	783339
2013.09	20455	34295	32260	6771	64903	16051	91061	793545
2013.12	21960	35826	34118	8669	65949	16070	101781	813596
2014.03	18428	40013	38905	12609	67593	16082	107724	850008
2014.06	20903	49912	48914	12662	69945	16082	108395	881399
2014.09	20268	50216	49331	12483	70672	16085	114290	884922
2014.12	21852	53509	52783	11930	71222	17644	108270	885880
2015.03	14646	58397	57726	9575	71503	18424	113253	922334
2015.06	19921	72149	71527	9811	73543	18518	115408	956256
2015.09	26278	61679	60918	7633	76658	19783	127073	978518
2015.12	30885	61407	60136	5467	80907	20437	107957	988393

2.9 1 中资中型银行资产负债表(资产)

Balance Sheet of Medium-sized Domestic Banks (Assets)

单位：亿元
Unit:100 Million Yuan

	国外资产 Foreign Assets	储备资产 Reserve Assets			对政府债权 Claims on Government
			准备金存款 Deposits with Central Bank	库存现金 Cash in Vault	
2009.12	3055.9	16642.5	16338.5	304.0	5690.9
2010.03	2652.9	17000.8	16687.4	313.4	5592.1
2010.06	2745.1	18391.6	18067.9	323.7	6287.1
2010.09	2799.9	18391.3	18017.2	374.1	6568.4
2010.12	3002.2	22243.7	21871.5	372.2	6888.0
2011.03	4122.3	22508.7	22129.5	379.3	6678.6
2011.06	4670.4	24674.8	24275.6	399.2	7004.5
2011.09	4589.2	25196.0	24758.9	437.1	7265.0
2011.12	5108.5	28354.0	27885.8	468.2	7540.0
2012.03	5490.1	28777.9	28356.4	421.4	7654.3
2012.06	5969.8	30085.6	29610.6	475.1	7743.8
2012.09	6140.7	31659.0	31149.2	509.8	8316.0
2012.12	6665.8	34937.3	34343.8	593.5	8648.8
2013.03	7060	34551	33988	563	8802
2013.06	7195	37219	36598	621	9352
2013.09	7373	37360	36748	612	10287
2013.12	7937	38462	37790	672	10912
2014.03	8212	38532	37887	645	10973
2014.06	10120	41367	40710	657	11934
2014.09	11004	41364	40745	620	13641
2014.12	10802	44166	43480	686	14513
2015.03	11677	40625	39923	702	14545
2015.06	11689	43866	43199	667	16757
2015.09	14057	42265	41613	651	19647
2015.12	13433	41450	40821	629	21841

2.9 1 中资中型银行资产负债表（资产）
Balance Sheet of Medium-sized Domestic Banks (Assets)

单位：亿元
Unit:100 Million Yuan

	对中央银行债权 Claims on Central Bank	对其他存款性公司债权 Claims on Other Depository Corporations	对其他金融性公司债权 Claims on Other Financial Corporations	对非金融性公司债权 Claims on Non-financial Corporations	对其他居民部门债权 Claims on Other Resident Sectors	其他资产 Other Assets	总资产 Total Assets
2009.12	4732.8	23146.3	2978.8	78982.6	14273.6	5169.1	154672.5
2010.03	3372.8	29119.2	2573.6	82793.0	15775.1	6090.6	164970.0
2010.06	3103.2	29877.3	3924.3	86425.2	17334.2	6665.1	174752.9
2010.09	2887.1	32393.4	3686.6	89536.8	18515.5	5141.3	179920.3
2010.12	2562.5	30820.0	3931.7	93795.3	19963.3	4654.0	187860.7
2011.03	2189.7	37012.2	4547.6	95328.3	20846.2	5194.1	198427.7
2011.06	2005.6	38822.1	5090.8	99256.6	22209.4	5666.4	209400.6
2011.09	1640.4	37468.3	4358.1	101305.8	23112.6	6743.0	211678.5
2011.12	1956.8	44221.4	6670.2	105725.0	24081.7	7331.6	230989.0
2012.03	1653.8	48143.5	8638.6	110749.2	24573.0	7757.7	243438.1
2012.06	1570.9	60444.7	9427.7	115480.8	25752.2	8380.4	264856.0
2012.09	1336.4	59152.1	10350.4	120369.5	28169.7	8435.8	273929.4
2012.12	790.1	63346.6	12867.2	124944.1	30199.3	7534.3	289933.6
2013.03	749	67541	15706	131634	32310	8018	306370
2013.06	541	65149	22048	134300	34906	7913	318622
2013.09	91	60048	24923	136831	37320	8042	322275
2013.12	90	60806	26713	138873	38771	8641	331205
2014.03	1405	66831	30946	145600	40321	8846	351664
2014.06	260	72688	36034	149668	42122	10197	374390
2014.09	196	66941	33205	152156	43800	10554	372863
2014.12	127	64679	40458	157577	46054	10964	389341
2015.03	126	59815	50834	165398	48011	13310	404342
2015.06	146	59643	65765	170285	50763	14824	433738
2015.09	124	62646	65469	172923	53336	15819	446286
2015.12	122	65521	71282	180137	55929	14033	463749

2.9 2 中资中型银行资产负债表(负债)

Balance Sheet of Medium-sized Domestic Banks (Liabilities)

单位：亿元
Unit: 100 Million Yuan

	对非金融机构及住户负债 Liabilities to Non-financial Institutions & Households	纳入广义货币的存款 Deposits Included in Broad Money	企业活期存款 Demand Deposits of Enterprises	企业定期存款 Time Deposits of Enterprises	居民储蓄存款 Household Savings Deposits	不纳入广义货币的存款 Deposits Excluded from Broad Money	可转让存款 Transferable Deposits	其他存款 Other Deposits	其他负债 Other Liabilities	对中央银行负债 Liabilities to Central Bank
2009.12	92691.3	90253.2	37226.0	34197.7	18829.4	2106.3	957.8	1148.5	331.8	3744.5
2010.03	96455.7	93894.0	38076.9	36757.9	19059.2	2246.8	953.3	1293.5	314.9	3662.1
2010.06	105559.8	102873.1	41579.3	40268.4	21025.4	2317.6	1000.5	1317.1	369.1	3680.0
2010.09	109471.0	106466.4	40148.4	43701.9	22616.1	2600.1	1056.2	1543.8	404.5	3708.7
2010.12	115141.3	112158.2	45372.9	43772.9	23012.5	2583.0	1161.6	1421.4	400.1	3727.4
2011.03	119248.4	114766.6	44731.5	45156.5	24878.6	4097.3	1636.7	2460.6	384.5	2814.0
2011.06	124850.6	119893.7	45498.7	48365.2	26029.8	4422.8	1678.4	2744.5	534.0	2928.7
2011.09	125015.9	120014.0	42946.0	50813.0	26255.0	4383.9	1528.7	2855.2	618.0	2951.1
2011.12	130272.5	125649.3	46817.7	50945.0	27886.6	4025.1	1699.0	2326.1	598.1	3096.7
2012.03	134432.1	128819.3	44792.1	54309.0	29718.3	4989.5	1584.4	3405.1	623.3	3195.5
2012.06	144211.5	136898.4	47493.6	57693.0	31711.9	6668.4	1867.8	4800.6	644.7	4829.5
2012.09	150405.8	142385.5	46602.4	63315.1	32468.1	7282.7	1906.0	5376.7	737.5	5891.7
2012.12	156491.9	148246.6	51219.5	62392.5	34634.6	7469.3	2174.0	5295.3	776.1	7112.4
2013.03	169829	160267	53025	69409	37833	8821	2155	6666	742	3566
2013.06	177177	167265	54373	72907	39984	9005	2191	6815	907	5095
2013.09	178430	168162	52534	75288	40340	9247	1988	7259	1021	4872
2013.12	180861	170690	57170	72658	40861	9020	2098	6921	1152	4956
2014.03	189559	178219	54843	79308	44068	10246	2044	8202	1094	5900
2014.06	205344	191735	59832	84582	47321	12465	2606	9858	1144	6127
2014.09	198745	184336	53463	86282	44590	13135	2598	10537	1274	6258
2014.12	201772	188105	60317	83300	44488	12437	2497	9941	1229	10249
2015.03	205713	190775	56588	88974	45212	13780	2808	10971	1159	12655
2015.06	215779	201671	62044	94098	45530	12745	2591	10153	1363	7649
2015.09	219594	204401	63303	95722	45376	13799	2956	10843	1394	8278
2015.12	226091	211664	75061	90444	46159	13046	3342	9703	1381	10209

注：“中资中型银行资产负债表”机构范围见第102页[注2]。
Note: Please refer to note 2 on page 102 for the information of institutional coverage of the “Balance Sheet of Medium-sized Domestic Banks”.

2.9 2 中资中型银行资产负债表(负债)
Balance Sheet of Medium-sized Domestic Banks (Liabilities)

单位：亿元
Unit: 100 Million Yuan

	对其他存款性公司负债 Liabilities to Other Depository Corporations	对其他金融性公司负债 Liabilities to Other Financial Corporations	计入广义货币的存款 Deposits Included in Broad Money	国外负债 Foreign Liabilities	债券发行 Bonds Issue	实收资本 Paid-in Capital	其他负债 Other Liabilities	总负债 Total Liabilities
2009.12	16428.0	11790.8	4305.5	943.9	15260.2	1894.0	11920.0	154672.5
2010.03	20239.8	12531.6	4919.6	928.7	15448.1	1926.0	13778.0	164970.0
2010.06	18740.7	12918.9	4240.4	1079.3	16135.2	1993.1	14646.0	174752.9
2010.09	19872.0	12637.3	2997.4	1098.0	16638.7	2132.4	14362.3	179920.3
2010.12	19590.9	14221.2	4027.4	1218.6	17247.2	2160.9	14553.1	187860.7
2011.03	22692.9	15270.3	3566.3	736.9	18591.2	2149.9	16924.0	198427.7
2011.06	24399.7	16103.7	2765.6	870.1	20436.4	2258.9	17552.6	209400.6
2011.09	21912.4	17036.5	2377.3	724.9	22098.9	2352.0	19586.8	211678.5
2011.12	29889.2	19783.9	16295.1	725.8	23411.1	2351.6	21458.4	230989.0
2012.03	30648.4	22631.1	20853.0	1047.4	26007.8	2362.6	23113.2	243438.1
2012.06	37103.2	22267.3	20332.3	1156.3	27959.4	2379.4	24949.4	264856.0
2012.09	36448.3	23197.7	21171.3	1013.4	29132.2	2394.4	25446.1	273929.4
2012.12	40961.3	25625.2	23798.7	1302.9	30544.6	2413.0	25482.3	289933.6
2013.03	44055	25648	23485	1987	32512	2413	26359	306370
2013.06	45549	25684	23006	2289	33762	2443	26623	318622
2013.09	40824	29170	26609	2762	34407	2576	29234	322275
2013.12	43044	32295	29823	3403	35736	2647	28263	331205
2014.03	40904	38408	35811	4678	38523	2656	31035	351664
2014.06	40834	39579	37185	5667	41031	2738	33071	374390
2014.09	37927	42119	39036	5992	44456	2750	34617	372863
2014.12	38070	46271	43431	6339	46615	3030	36995	389341
2015.03	37940	49491	47162	5188	51701	3183	38471	404342
2015.06	38632	64244	60452	4928	56202	3570	42735	433738
2015.09	35810	67289	65854	3393	59762	3612	48548	446286
2015.12	42451	68221	66507	2388	64192	4002	46195	463749

2.10 1 中资小型银行资产负债表(资产)
Balance Sheet of Small-sized Domestic Banks (Assets)

单位：亿元
Unit: 100 Million Yuan

	国外资产 Foreign Assets	储备资产 Reserve Assets			对政府债权 Claims on Government	对中央银行债权 Claims on Central Bank
			准备金存款 Deposits with Central Bank	库存现金 Cash in Vault		
2009.12	87.3	12996.6	12511.6	485.0	4612.7	1163.2
2010.03	92.3	11773.2	11278.9	494.3	4457.7	921.4
2010.06	104.9	12924.9	12424.2	500.7	4489.7	1059.3
2010.09	104.4	13442.9	12834.3	608.6	4983.1	1054.6
2010.12	134.6	17920.4	17287.4	633.1	5267.4	1095.0
2011.03	137.3	17655.4	17015.0	640.5	5628.5	820.1
2011.06	292.9	19958.7	19291.7	667.0	5752.4	498.7
2011.09	212.0	20781.4	20000.5	780.9	6023.7	464.8
2011.12	317.3	24966.1	24087.1	879.0	6234.2	715.3
2012.03	336.9	23705.0	22924.9	780.1	6394.1	571.4
2012.06	377.7	24977.5	24140.7	836.8	6469.0	540.0
2012.09	186.8	26092.0	25173.0	919.0	6730.8	493.5
2012.12	219.8	32034.0	30950.8	1083.3	6785.1	392.7
2013.03	205	30894	29860	1034	6808	428
2013.06	284	32853	31836	1071	7253	331
2013.09	212	34097	32930	1166	7797	102
2013.12	274	38957	37712	1245	8322	88
2014.03	372	37824	36558	1267	8353	106
2014.06	352	39676	38418	1258	8705	99
2014.09	401	40433	39112	1321	9328	100
2014.12	575	45603	44155	1448	9805	83
2015.03	517	42754	41193	1561	10002	97
2015.06	610	43901	42413	1488	10853	121
2015.09	717	43032	41422	1610	12643	130
2015.12	694	47047	45474	1573	14705	88

2.10 1 中资小型银行资产负债表（资产）
Balance Sheet of Small-sized Domestic Banks (Assets)

单位：亿元
Unit: 100 Million Yuan

	对其他存款性公司债权 Claims on Other Depository Corporations	对其他金融性公司债权 Claims on Other Financial Corporations	对非金融性公司债权 Claims on Non-financial Corporations	对其他居民部门债权 Claims on Other Resident Sectors	其他资产 Other Assets	总资产 Total Assets
2009.12	11332.7	1399.1	36605.4	8387.6	3771.1	81355.7
2010.03	15185.5	1613.1	39837.1	9435.7	4033.0	87348.9
2010.06	17825.2	1800.8	42553.3	10612.4	4276.2	95646.6
2010.09	19727.5	2197.3	44521.1	11641.3	4796.7	102468.8
2010.12	24197.5	2048.1	45570.7	12465.4	4719.5	113418.5
2011.03	26664.3	3242.4	48581.5	13853.8	5217.1	121800.4
2011.06	29018.3	3391.8	50822.3	14836.8	5145.0	129716.9
2011.09	28336.3	4241.6	53018.7	15634.3	5494.2	134206.9
2011.12	34407.2	5125.5	56894.2	16691.7	6003.4	151354.9
2012.03	39782.9	6127.0	62315.9	17886.9	6638.7	163758.9
2012.06	43852.5	7119.2	66998.9	19125.4	7534.8	176995.1
2012.09	39803.9	8327.7	69058.4	19863.2	7258.7	177815.2
2012.12	45553.8	9916.7	72244.7	21384.1	7250.9	195781.9
2013.03	48325	15182	78050	22869	7850	210610
2013.06	48486	16077	83117	24793	8529	221722
2013.09	48721	17408	87252	27121	8568	231276
2013.12	55187	19855	88879	29083	8734	249379
2014.03	59195	23840	94935	31234	8962	264821
2014.06	60120	25745	99966	33496	9588	277747
2014.09	56432	27084	103794	35658	10188	283418
2014.12	59784	28641	109411	37482	10458	301841
2015.03	63573	32223	118064	39771	11387	318387
2015.06	66914	40187	126159	42292	11781	342819
2015.09	70198	42931	132841	44329	12446	359267
2015.12	75065	50200	139039	46631	13155	386624

2.10 2 中资小型银行资产负债表(负债)

Balance Sheet of Small-sized Domestic Banks (Liabilities)

单位：亿元
Unit: 100 Million Yuan

	对非金融机构及住户负债 Liabilities to Non-financial Institutions & Households	纳入广义货币的存款 Deposits Included in Broad Money	企业活期存款 Demand Deposits of Enterprises	企业定期存款 Time Deposits of Enterprises	居民储蓄存款 Household Savings Deposits	不纳入广义货币的存款 Deposits Excluded from Broad Money	可转让存款 Transferable Deposits	其他存款 Other Deposits	其他负债 Other Liabilities	对中央银行负债 Liabilities to Central Bank
2009.12	65516.3	65238.0	24106.9	14264.0	26867.0	164.4	100.9	63.5	113.9	185.1
2010.03	68644.7	68382.2	24153.3	14952.1	29276.8	178.3	104.5	73.7	84.2	120.6
2010.06	74690.9	74344.3	26584.6	16701.1	31058.7	228.8	138.1	90.7	117.8	169.7
2010.09	79363.1	78927.8	27564.7	18877.2	32485.9	295.5	195.3	100.2	139.7	186.3
2010.12	87198.9	86639.8	31951.5	20345.3	34343.0	369.1	273.5	95.6	190.0	215.5
2011.03	91792.7	91027.2	31314.3	21010.2	38702.8	608.7	242.8	365.9	156.8	320.0
2011.06	97610.4	96656.7	33170.6	23405.6	40080.6	766.3	270.2	496.1	187.3	284.9
2011.09	99326.4	98288.2	32572.3	24744.2	40971.8	822.7	253.2	569.5	215.6	347.5
2011.12	109208.9	108395.9	37003.3	26081.7	45311.0	498.6	263.2	235.4	314.4	418.1
2012.03	113155.5	112308.2	34210.2	28003.7	50094.3	592.8	251.1	341.7	254.5	446.6
2012.06	121359.0	120422.8	36350.8	31015.1	53056.9	645.3	246.9	398.4	291.0	918.2
2012.09	125481.3	124432.9	35938.2	32698.0	55796.7	708.9	255.9	453.0	339.4	1565.8
2012.12	137712.6	136460.7	41319.3	33892.3	61249.1	784.9	344.9	440.0	467.0	1401.2
2013.03	147528	146370	40519	37037	68814	783	287	495	376	710
2013.06	155951	154404	42851	39533	72020	1077	345	732	470	1024
2013.09	162050	160469	43318	41988	75163	1055	342	713	525	1353
2013.12	173424	171626	48776	43004	79846	1100	359	741	699	1121
2014.03	181577	179867	45953	46138	87777	1068	292	776	642	999
2014.06	191979	190106	48976	49679	91451	1159	305	854	713	1376
2014.09	195251	193139	46872	51749	94518	1424	314	1110	687	1837
2014.12	205272	202803	51315	52304	99183	1536	357	1179	934	2188
2015.03	214995	212133	48236	54171	109726	1976	347	1629	887	2669
2015.06	226452	223417	51942	59044	112430	2142	339	1803	894	2419
2015.09	237308	233999	54792	62265	116942	2334	455	1880	976	2575
2015.12	251931	248664	62771	62884	123009	2208	389	1819	1058	2668

注：“中资小型银行资产负债表”机构范围见第 102 页[注 2]。
Note: Please refer to note 2 on page 102 for the information of institutional coverage of the “Blance Sheet of Small-sized Domestic Banks”.

2.10 2 中资小型银行资产负债表(负债)
Balance Sheet of Small-sized Domestic Banks (Liabilities)

单位:亿元
Unit: 100 Million Yuan

	对其他存款性公司负债 Liabilities to Other Depository Corporations	对其他金融性公司负债 Liabilities to Other Financial Corporations	计入广义货币的存款 Deposits Included in Broad Money	国外负债 Foreign Liabilities	债券发行 Bonds Issue	实收资本 Paid-in Capital	其他负债 Other Liabilities	总负债 Total Liabilities
2009.12	6113.3	679.5	86.8	16.3	382.4	2753.1	5709.7	81355.7
2010.03	8452.4	894.8	110.9	16.8	390.8	2851.7	5977.1	87348.9
2010.06	9579.4	1206.1	83.7	23.1	408.1	3093.6	6475.6	95646.6
2010.09	10854.5	1019.9	53.7	27.4	417.1	3282.5	7318.0	102468.8
2010.12	12398.4	1508.7	102.1	36.7	477.9	3627.1	7955.3	113418.5
2011.03	15481.3	1054.7	101.3	35.1	499.2	3922.0	8695.5	121800.4
2011.06	15996.7	1538.9	118.4	108.0	565.4	4192.3	9420.3	129716.9
2011.09	17460.8	1632.2	45.8	125.2	582.4	4372.6	10359.8	134206.9
2011.12	22157.4	2066.3	1563.3	174.4	703.0	4903.4	11723.4	151354.9
2012.03	29155.9	2171.7	1844.9	206.0	873.0	5132.2	12617.9	163758.9
2012.06	32085.6	2352.0	2006.1	230.2	948.4	5409.1	13692.8	176995.1
2012.09	27160.3	2295.0	1998.3	255.2	1117.7	5572.7	14367.2	177815.2
2012.12	30553.1	2743.0	2516.8	311.6	1320.4	5980.9	15759.2	195781.9
2013.03	34459	3320	3082	636	1444	6187	16328	210610
2013.06	34309	4190	3655	645	1699	6479	17425	221722
2013.09	34920	4894	4444	601	1779	6758	18920	231276
2013.12	39675	5429	4876	633	1745	7226	20127	249379
2014.03	43771	6839	6472	714	1897	7459	21564	264821
2014.06	42525	8025	7766	703	2159	7786	23195	277747
2014.09	39526	9839	9439	786	3150	8128	24901	283418
2014.12	42096	11288	10547	753	4977	8559	26708	301841
2015.03	43663	13038	12486	806	6309	8946	27960	318387
2015.06	47572	16594	15769	978	8960	9494	30349	342819
2015.09	43710	21709	20774	863	10826	9812	32464	359267
2015.12	47395	24055	22821	850	14438	10641	34646	386624

2.11 1 外资银行资产负债表(资产)
Balance Sheet of Foreign-funded Banks (Assets)

单位：亿元
Unit: 100 Million Yuan

	国外资产 Foreign Assets	储备资产 Reserve Assets	准备金存款 Deposits with Central Bank	库存现金 Cash in Vault	对政府债权 Claims on Government	对中央银行债权 Claims on Central Bank
2008	1719.4	1309.6	1302.3	7.3	885.2	0.0
2009	1483.0	1415.1	1407.7	7.5	1217.3	0.0
2010.03	1246.5	1324.2	1315.9	8.3	987.7	0.0
2010.06	1109.5	1421.1	1413.4	7.7	1074.7	0.0
2010.09	1253.9	1570.5	1560.9	9.6	1106.3	0.0
2010.12	1280.4	2023.7	2014.6	9.1	1004.5	0.0
2011.03	1156.9	2193.2	2183.8	9.3	857.9	0.0
2011.06	1112.1	2358.7	2347.0	11.7	1084.1	0.0
2011.09	1107.4	2702.6	2692.4	10.3	1308.3	0.0
2011.12	1296.2	2966.5	2955.7	10.8	1541.5	0.0
2012.03	1114.5	2640.4	2630.2	10.2	1480.2	0.0
2012.06	1188.3	2623.9	2614.3	10.0	1636.8	0.0
2012.09	1450.3	2755.1	2744.6	10.5	1427.0	0.0
2012.12	1612.5	3228.5	3218.4	10.1	1294.9	0.0
2013.03	1243	2803	2794	10	936	449
2013.06	1140	2804	2795	9	1240	307
2013.09	1098	2756	2747	9	1377	127
2013.12	1128	3083	3073	10	1535	127
2014.03	1110	2951	2940	12	1343	659
2014.06	1295	3019	3008	11	1799	302
2014.09	1443	2899	2887	12	2055	134
2014.12	1889	3205	3194	11	2185	40
2015.03	1938	2650	2639	11	1695	39
2015.06	2054	2524	2514	11	1838	102
2015.09	2190	2439	2428	11	1937	120
2015.12	2391	2899	2889	10	1793	105

注：自2008年起，本表项目中原“央行债券”更名为“对中央银行债权”。
Note: Since 2008, the item of "Central Bank Bonds" is renamed as "Claims on Central Bank".

2.11 1 外资银行资产负债表(资产)
Balance Sheet of Foreign-funded Banks (Assets)

单位：亿元
Unit: 100 Million Yuan

	对其他存款性公司债权* Claims on Other Depository Corporations*	对其他金融性公司债权* Claims on Other Financial Corporations*	对非金融性公司债权 Claims on Non-financial Corporations	对其他居民部门债权 Claims on Other Resident Sectors	其他资产 Other Assets	总资产 Total Assets
2008	1886.7	65.8	6617.1	152.9	1102.5	13739.2
2009	2214.2	87.7	6332.1	301.8	1299.6	14350.8
2010.03	2624.4	101.8	7112.4	296.4	1539.5	15232.9
2010.06	2841.1	140.5	7494.0	344.3	1718.2	16143.4
2010.09	2909.0	189.6	7818.9	366.5	1897.6	17112.2
2010.12	3630.1	245.0	8236.3	409.0	2187.3	19016.2
2011.03	3896.4	311.7	8491.6	417.3	2433.5	19758.4
2011.06	4542.4	343.4	8687.9	420.1	2594.6	21143.2
2011.09	4862.0	431.8	8901.2	445.1	2577.2	22335.6
2011.12	5041.8	493.3	8981.3	462.2	2601.0	23383.7
2012.03	5497.2	518.8	9043.6	477.7	1488.7	22261.1
2012.06	5721.9	590.1	9375.6	509.0	1662.9	23308.5
2012.09	5057.6	622.1	9977.7	548.8	1447.8	23286.2
2012.12	5361.3	752.2	10510.2	603.2	1219.6	24582.4
2013.03	5578	2140	10037	626	1115	24927
2013.06	5010	1176	9963	661	828	23130
2013.09	5595	1282	10313	719	800	24067
2013.12	6313	1400	10581	790	849	25805
2014.03	6743	1491	10875	843	1057	27070
2014.06	6471	1578	10892	891	934	27181
2014.09	5989	1684	11035	933	1064	27236
2014.12	5775	2125	11077	970	877	28143
2015.03	5229	2257	10949	869	942	26566
2015.06	5281	2471	10782	905	944	26900
2015.09	4791	2398	10498	942	1260	26574
2015.12	4689	2590	10267	980	1969	27684

* 自2005年起，本表采用其他存款性公司和其他金融性公司分类，其机构范围详见第100页[注1]。2005年之前，存款货币银行和特定存款机构加总的数据可以替代其他存款性公司数据，其他金融机构的数据可以替代其他金融性公司数据。

* For this sheet, new classification is adopted since 2005. Please refer to the note 1 on page 100 for the particular institution coverage of other depository corporations and other financial corporations.To keep comparability, the data of other depository corporations before 2005 could be approximately substituted by the aggregation of deposit money banks and specific monetary institutions. Similarly, data of other financial corporations could be substituted by data of other financial institutions before 2005.

2.11 2 外资银行资产负债表(负债)
Balance Sheet of Foreign-funded Banks (Liabilities)

单位：亿元
Unit: 100 Million Yuan

	对非金融机构及住户负债 Liabilities to Non-financial Institutions & Households	纳入广义货币的存款 Deposits Included in Broad Money	企业活期存款 Demand Deposits of Enterprises	企业定期存款 Time Deposits of Enterprises	居民储蓄存款 Household Savings Deposits	不纳入广义货币的存款 Deposits Excluded from Broad Money	可转让存款 Transferable Deposits	其他存款 Other Deposits	其他负债 Other Liabilities	对中央银行负债 Liabilities to Central Bank
2008	5335.1	3801.6	1348.7	2071.8	381.2	1533.5	802.8	730.7	0.0	0.0
2009	6687.6	5132.1	1856.4	2855.4	420.4	1555.5	944.2	611.3	0.0	0.0
2010.03	6689.3	5198.9	1672.9	3087.4	438.6	1490.3	885.9	604.5	0.0	0.0
2010.06	7300.6	5777.5	1836.3	3468.0	473.3	1523.1	882.9	640.2	0.0	0.0
2010.09	8125.1	6483.1	1749.8	4215.9	517.4	1642.0	916.5	725.5	0.0	0.0
2010.12	9677.7	7808.8	2272.8	4962.5	573.5	1868.9	999.5	869.5	0.0	0.0
2011.03	9971.2	8029.4	2019.9	4726.0	1283.4	1941.8	1007.8	934.0	0.0	1.0
2011.06	10624.7	8506.4	2118.6	4939.4	1448.4	2118.3	1054.1	1064.2	0.0	0.0
2011.09	11338.0	9147.8	1978.1	5568.0	1601.7	2190.3	963.2	1227.1	0.0	1.9
2011.12	12202.2	9787.7	2610.7	5419.7	1757.2	2414.6	1091.4	1323.1	0.0	3.5
2012.03	11750.2	9485.9	2147.7	5473.7	1864.5	2264.3	1082.6	1181.7	0.0	3.5
2012.06	12081.3	9804.6	2496.0	5377.9	1930.7	2276.6	1115.3	1161.3	0.0	9.3
2012.09	12126.8	9833.1	2244.1	5668.3	1920.8	2293.6	1167.6	1126.0	0.0	14.5
2012.12	13072.2	10670.7	2912.6	5823.0	1935.2	2401.5	1209.5	1192.0	0.0	8.6
2013.03	14140	11215	2451	6815	1949	2558	1256	1301	368	23
2013.06	13595	10779	2311	6495	1973	2427	1258	1169	389	5
2013.09	13960	11162	2107	7074	1981	2426	1190	1236	372	15
2013.12	15108	12120	2887	7193	2040	2426	1158	1268	561	1
2014.03	15016	12169	2471	7635	2063	2436	1122	1314	411	2
2014.06	15124	12220	2597	7574	2049	2556	1189	1367	348	1
2014.09	15007	12087	2326	7761	2001	2509	1171	1338	410	2
2014.12	15731	12685	3315	7440	1930	2621	1249	1372	424	2
2015.03	14266	11235	2677	6765	1793	2520	1218	1302	511	125
2015.06	14079	10899	2883	6345	1671	2506	1291	1216	674	2
2015.09	13844	10738	2773	6375	1589	2555	1389	1166	552	4
2015.12	14593	11213	3751	5958	1504	2774	1563	1211	605	5

2.11 2 外资银行资产负债表(负债)
Balance Sheet of Foreign-funded Banks (Liabilities)

单位:亿元
Unit: 100 Million Yuan

	对其他存款性公司负债* Liabilities to Other Depository Corporations*	对其他金融性公司负债* Liabilities to Other Financial Corporations*		国外负债 Foreign Liabilities	债券发行 Bonds Issue	实收资本 Paid-in Capital	其他负债 Other Liabilities	总负债 Total Liabilities
			计入广义货币的存款 Deposits Included in Broad Money					
2008	1905.9	420.3	—	3265.7	0.0	1209.6	1568.7	13739.2
2009	1279.1	412.7	—	2754.7	—	1425.8	1790.9	14350.8
2010.03	1673.5	532.4	—	2861.7	—	1425.2	2051.0	15232.9
2010.06	1533.1	597.8	—	2996.8	—	1430.3	2284.9	16143.4
2010.09	1388.3	506.3	—	3109.4	—	1482.7	2500.3	17112.2
2010.12	1212.9	531.5	—	3341.7	—	1515.2	2737.2	19016.2
2011.03	1150.8	527.8	—	3525.7	24.7	1526.9	3030.4	19758.4
2011.06	1236.7	515.6	—	4026.9	20.4	1545.1	3173.9	21143.2
2011.09	1368.5	552.6	—	4414.3	11.0	1583.5	3065.9	22335.6
2011.12	1617.6	542.0	—	4148.2	11.1	1622.5	3236.7	23383.7
2012.03	1830.0	618.9	—	4356.4	57.9	1659.9	1984.4	22261.1
2012.06	1966.6	618.5	—	4632.3	72.8	1757.1	2170.7	23308.5
2012.09	2510.6	654.8	—	4046.0	22.4	1826.2	2085.0	23286.2
2012.12	2571.0	817.4	—	4082.5	7.2	1941.3	2082.1	24582.4
2013.03	2749	826	657	3673	61	1532	1923	24927
2013.06	1461	694	552	4036	111	1510	1719	23130
2013.09	1447	692	551	4638	112	1514	1689	24067
2013.12	1227	736	552	5268	81	1586	1799	25805
2014.03	1564	647	520	6023	80	1618	2120	27070
2014.06	1874	597	452	5803	81	1635	2067	27181
2014.09	1624	638	460	5971	86	1661	2248	27236
2014.12	1785	709	512	6057	115	1654	2092	28143
2015.03	1856	923	699	5361	193	1637	2205	26566
2015.06	1973	1101	877	5593	154	1705	2293	26900
2015.09	2038	1386	1155	4856	156	1710	2580	26574
2015.12	2019	1524	1315	4241	257	1744	3301	27684

* 见第43页脚注。
* See footnote on page 43.

2.12 1 城市信用社资产负债表(资产)
Balance Sheet of Urban Credit Cooperatives (Assets)

单位：亿元
Unit: 100 Million Yuan

	国外资产 Foreign Assets	储备资产 Reserve Assets			对政府债权 Claims on Government	对中央银行债权 Claims on Central Bank
			准备金存款 Deposits with Central Bank	库存现金 Cash in Vault		
2005	—	330.4	311.3	19.1	64.4	2.5
2006	—	303.8	289.5	14.3	81.8	4.1
2007.03	—	195.8	183.1	12.8	82.3	12.6
2007.06	—	223.0	210.4	12.6	77.2	11.5
2007.09	—	205.0	191.7	13.3	57.5	12.4
2007.12	—	328.7	313.1	15.5	60.8	5.3
2008.03	—	219.6	208.6	11.0	58.4	11.0
2008.06	—	236.6	224.7	11.9	53.4	3.0
2008.09	—	179.4	170.7	8.7	42.2	5.5
2008.12	—	186.0	178.0	7.9	49.8	1.4
2009.03	—	108.2	102.0	6.2	27.6	1.0
2009.06	—	88.7	83.4	5.4	13.8	0.5
2009.09	—	79.0	73.1	5.8	9.0	0.5
2009.12	—	80.7	76.8	3.9	10.8	0.5
2010.03	—	43.5	40.9	2.6	8.5	0.5
2010.06	—	33.3	31.7	1.6	4.3	0.5
2010.09	—	18.8	17.6	1.2	5.3	3.2
2010.12	—	11.9	10.9	1.0	4.0	3.2
2011.03	—	7.5	6.9	0.5	0.8	0.0
2011.06	—	7.5	7.0	0.6	0.8	0.0
2011.09	—	8.0	7.3	0.7	0.8	0.0
2011.12	—	8.3	7.6	0.7	0.8	0.0
2012.03	—	8.5	7.8	0.7	0.8	0.0
2012.06	—	5.0	4.6	0.4	0.3	0.0
2012.09	—	5.0	4.6	0.4	0.3	0.0

注 1：自 2008 年起，本表项目中原"央行债券"更名为"对中央银行债权"。
Note 1: Since 2008, the item of "Central Bank Bonds" is renamed as "Claims on Central Bank".
注 2：2012 年 11 月末，城市信用社转制工作完成，转为城市商业银行、农村信用社等机构报送数据。
Note 2: Since the end of November of 2012, UCCs (Urban Credit Cooperatives) have completed transformation and their data have been included in UCBs (Urban Commercial Banks), RCCs (Rural Credit Cooperatives), etc..

2.12 1 城市信用社资产负债表（资产）
Balance Sheet of Urban Credit Cooperatives (Assets)

单位：亿元
Unit: 100 Million Yuan

	对其他存款性公司债权* Claims on Other Depository Corporations*	对其他金融性公司债权* Claims on Other Financial Corporations*	对非金融性公司债权 Claims on Non-financial Corporations	对其他居民部门债权 Claims on Other Resident Sectors	其他资产 Other Assets	总资产 Total Assets
2005	352.5	7.3	1115.7	32.7	144.8	2050.3
2006	290.1	3.9	1000.6	23.7	142.5	1850.4
2007.03	257.4	5.1	891.9	111.0	135.5	1691.7
2007.06	245.8	7.2	883.5	110.7	136.0	1694.8
2007.09	127.4	11.3	806.3	106.1	148.4	1474.4
2007.12	121.4	12.2	758.2	109.7	172.2	1568.5
2008.03	123.7	7.6	659.1	93.3	158.6	1331.2
2008.06	113.5	5.9	587.8	91.9	159.8	1251.9
2008.09	113.7	2.9	472.1	84.8	146.4	1047.0
2008.12	103.8	0.4	388.6	64.0	99.6	893.6
2009.03	125.8	0.4	313.2	62.5	96.6	735.3
2009.06	92.8	0.1	217.8	61.7	89.2	564.6
2009.09	71.9	0.1	204.3	59.9	88.5	513.1
2009.12	55.9	0.1	170.2	52.5	75.7	446.5
2010.03	42.7	0.2	139.8	48.9	58.5	342.6
2010.06	37.8	0.0	104.7	33.2	45.8	259.6
2010.09	32.3	1.0	68.4	31.4	23.6	183.9
2010.12	17.8	0.0	50.9	16.9	11.3	116.0
2011.03	4.4	0.0	16.9	16.3	4.1	49.9
2011.06	6.7	0.0	17.4	15.9	4.6	52.8
2011.09	7.9	0.0	18.6	16.1	6.5	57.8
2011.12	8.7	0.0	19.5	17.4	8.8	63.4
2012.03	7.1	0.0	19.1	16.8	8.4	60.7
2012.06	1.6	0.0	10.1	10.3	7.8	35.2
2012.09	0.3	0.0	10.2	10.5	7.3	33.6

* 自2005年起，本表采用其他存款性公司和其他金融性公司分类，其机构范围详见第100页[注1]。2005年之前，存款货币银行和特定存款机构加总的数据可以替代其他存款性公司数据，其他金融机构的数据可以替代其他金融性公司数据。

* For this sheet, new classification is adopted since 2005. Please refer to the note 1 on page 100 for the particular institution coverage of other depository corporations and other financial corporations.To keep comparability, the data of other depository corporations before 2005 could be approximately substituted by the aggregation of deposit money banks and specific monetary institutions. Similarly, data of other financial corporations could be substituted by data of other financial institutions before 2005.

2.12 2 城市信用社资产负债表(负债)
Balance Sheet of Urban Credit Cooperatives (Liabilities)

单位：亿元
Unit: 100 Million Yuan

	对非金融机构及住户负债 Liabilities to Non-financial Institutions & Households	纳入广义货币的存款 Deposits Included in Broad Money	企业活期存款 Demand Deposits of Enterprises	企业定期存款 Time Deposits of Enterprises	居民储蓄存款 Household Savings Deposits	不纳入广义货币的存款 Deposits Excluded from Broad Money	可转让存款 Transferable Deposits	其他存款 Other Deposits	其他负债 Other Liabilities	对中央银行负债 Liabilities to Central Bank
2005	1814.1	1813.1	613.4	273.5	926.5	—	—	—	0.9	16.9
2006	1580.4	1579.4	508.6	188.5	882.3	—	—	—	1.0	13.7
2007.03	1420.7	1419.7	410.4	185.6	823.8	—	—	—	0.9	10.4
2007.06	1397.7	1396.8	438.0	202.5	756.2	—	—	—	0.9	11.3
2007.09	1241.9	1240.9	402.5	105.9	687.5	—	—	—	1.0	13.6
2007.12	1341.5	1340.6	477.9	149.0	713.7	—	—	—	0.9	10.1
2008.03	1145.5	1144.7	346.9	144.6	653.2	—	—	—	0.8	8.2
2008.06	1077.9	1077.2	313.0	143.1	621.1	—	—	—	0.7	6.6
2008.09	901.7	901.3	238.6	118.2	544.6	—	—	—	0.4	3.8
2008.12	762.1	761.7	203.1	86.7	471.9	—	—	—	0.4	2.0
2009.03	642.3	642.1	153.5	66.4	422.3	—	—	—	0.2	—
2009.06	502.9	502.8	126.5	40.0	336.3	—	—	—	0.1	—
2009.09	466.0	465.9	125.5	40.9	299.5	—	—	—	0.1	—
2009.12	394.8	394.6	127.6	26.9	240.0	—	—	—	0.2	—
2010.03	297.8	297.7	72.2	19.4	206.1	—	—	—	—	—
2010.06	227.4	227.4	64.0	16.9	146.5	—	—	—	—	—
2010.09	152.1	152.0	38.1	14.2	99.8	—	—	—	—	—
2010.12	96.8	96.7	16.5	9.0	71.3	—	—	—	—	—
2011.03	44.7	44.7	8.7	5.7	30.3	—	—	—	—	—
2011.06	46.8	46.8	8.7	7.5	30.6	—	—	—	—	—
2011.09	49.4	49.4	9.4	8.1	31.9	—	—	—	—	—
2011.12	55.2	55.2	10.2	9.9	35.1	—	—	—	—	—
2012.03	53.4	53.4	9.5	8.3	35.6	—	—	—	—	—
2012.06	32.9	32.9	3.8	0.0	29.1	—	—	—	—	—
2012.09	32.7	32.7	3.5	0.0	29.2	—	—	—	—	—

2.12 2 城市信用社资产负债表(负债)
Balance Sheet of Urban Credit Cooperatives (Liabilities)

单位:亿元
Unit: 100 Million Yuan

	对其他存款性公司负债* Liabilities to Other Depository Corporations*	对其他金融性公司负债* Liabilities to Other Financial Corporations*	计入广义货币的存款 Deposits Included in Broad Money	国外负债 Foreign Liabilities	债券发行 Bonds Issue	实收资本 Paid-in Capital	其他负债 Other Liabilities	总负债 Total Liabilities
2005	108.3	4.9	1.4	—	0.0	52.7	53.4	2050.3
2006	117.4	10.9	0.0	—	0.0	51.0	77.1	1850.4
2007.03	118.5	5.1	0.0	—	0.0	51.0	86.0	1691.7
2007.06	131.2	5.9	0.0	—	0.0	59.1	89.5	1694.8
2007.09	71.8	2.8	0.0	—	0.0	51.5	92.8	1474.4
2007.12	64.0	3.5	0.0	—	0.0	51.8	97.6	1568.5
2008.03	54.9	3.3	0.0	—	0.0	45.3	74.0	1331.2
2008.06	49.7	3.7	0.0	—	0.0	39.8	74.3	1251.9
2008.09	41.7	2.4	0.0	—	0.0	39.8	57.6	1047.0
2008.12	44.3	0.2	0.0	—	0.0	35.4	49.5	893.6
2009.03	24.8	0.0	—	—	—	30.0	38.3	735.3
2009.06	11.9	—	—	—	—	21.6	28.3	564.6
2009.09	1.7	—	—	—	—	19.5	25.9	513.1
2009.12	12.9	—	—	—	—	16.2	22.6	446.5
2010.03	14.0	1.1	—	—	—	11.6	18.1	342.6
2010.06	6.4	1.3	—	—	—	11.0	13.5	259.6
2010.09	11.6	0.7	—	—	—	8.9	10.7	183.9
2010.12	6.2	0.5	—	—	—	5.8	6.7	116.0
2011.03	1.8	0.0	—	—	—	2.3	1.0	49.9
2011.06	1.6	0.0	—	—	—	2.3	2.1	52.8
2011.09	1.3	0.0	—	—	—	5.8	1.3	57.8
2011.12	0.9	0.0	—	—	—	5.8	1.6	63.4
2012.03	0.2	0.0	—	—	—	5.8	1.4	60.7
2012.06	1.6	0.0	—	—	—	0.7	0.1	35.2
2012.09	0.0	0.0	—	—	—	0.7	0.2	33.6

* 见第 47 页脚注。
* See footnote on page 47.

2.13 1 农村信用社资产负债表(资产)
Balance Sheet of Rural Credit Cooperatives (Assets)

单位：亿元
Unit: 100 Million Yuan

	国外资产 Foreign Assets	储备资产 Reserve Assets			对政府债权 Claims on Government	对中央银行债权 Claims on Central Bank
			准备金存款 Deposits with Central Bank	库存现金 Cash in Vault		
2008	9.7	8948.3	8340.4	607.9	1197.1	379.6
2009	15.0	9366.1	8675.3	690.9	1061.2	267.5
2010.03	1.3	7353.0	6497.4	855.6	670.1	113.3
2010.06	1.7	7278.2	6434.6	843.6	721.3	129.3
2010.09	2.2	7318.5	6406.9	911.5	771.4	187.2
2010.12	1.9	10191.3	9474.5	716.8	743.0	128.5
2011.03	12.1	9433.2	8554.3	878.9	771.6	158.9
2011.06	7.9	10045.7	9167.2	878.5	733.7	116.2
2011.09	7.5	10527.8	9540.7	987.0	758.3	118.3
2011.12	5.8	12399.6	11568.7	830.9	731.8	140.8
2012.03	5.7	10695.3	9797.7	897.6	634.7	137.4
2012.06	5.4	10549.0	9609.1	939.9	573.8	94.5
2012.09	5.3	10706.4	9723.4	983.0	577.0	100.1
2012.12	5.1	13245.1	12391.7	853.4	537.3	58.3
2013.03	4	11906	10944	961	519	136
2013.06	4	11604	10646	958	506	114
2013.09	4	11803	10790	1012	518	80
2013.12	3	13855	12997	858	632	88
2014.03	4	12113	11154	959	690	72
2014.06	4	12664	11726	939	675	69
2014.09	4	12798	11877	921	684	75
2014.12	3	14985	14116	870	654	84
2015.03	3	12182	11168	1014	595	117
2015.06	3	11644	10776	868	659	62
2015.09	4	11488	10576	912	988	61
2015.12	3	14570	13846	723	1217	5

注：自2008年起，本表项目中原“央行债券”更名为“对中央银行债权”。
Note: Since 2008, the item of “Central Bank Bonds” is renamed as “Claims on Central Bank”.

2.13 1 农村信用社资产负债表(资产)
Balance Sheet of Rural Credit Cooperatives (Assets)

单位:亿元
Unit: 100 Million Yuan

	对其他存款性公司债权* Claims on Other Depository Corporations*	对其他金融性公司债权* Claims on Other Financial Corporations*	对非金融性公司债权 Claims on Non-financial Corporations	对其他居民部门债权 Claims on Other Resident Sectors	其他资产 Other Assets	总资产 Total Assets
2008	6755.1	211.5	16015.9	12471.1	3879.3	49867.7
2009	7021.1	282.2	20003.6	14497.7	3527.8	56042.1
2010.03	8372.2	836.5	17216.3	17364.2	3181.7	55108.6
2010.06	8288.7	858.6	17567.1	18326.1	3202.4	56373.4
2010.09	8813.0	880.9	17730.3	18870.3	3330.1	57903.9
2010.12	8353.1	1164.3	17511.8	18504.5	3607.9	60206.3
2011.03	11374.6	1757.4	17376.3	19656.3	3102.1	63642.5
2011.06	11517.0	1423.0	18035.9	20625.1	3256.6	65761.1
2011.09	11768.1	1334.2	18497.4	21053.9	3289.0	67354.4
2011.12	10755.3	1146.7	18528.0	20204.4	3687.5	67599.9
2012.03	14589.5	1829.1	19225.6	20941.4	2973.6	71032.2
2012.06	14604.8	1940.1	20120.4	21751.7	3253.7	72893.3
2012.09	14337.6	1824.1	20556.7	22079.2	3336.7	73523.2
2012.12	13677.0	1803.9	19629.5	20887.8	4004.1	73848.1
2013.03	18789	2163	20866	21942	3901	80225
2013.06	17522	1767	21260	22732	3958	79465
2013.09	17652	1876	21580	22982	4276	80771
2013.12	16287	1837	21754	22226	4069	80752
2014.03	22299	2277	22354	22891	4375	87074
2014.06	21577	2487	22912	23526	4369	88285
2014.09	21180	2356	22878	23415	4499	87889
2014.12	18939	2378	22918	22443	4273	86677
2015.03	24671	2433	23309	22420	4537	90267
2015.06	24024	3259	23467	22583	4427	90128
2015.09	24133	3063	23748	22361	4419	90266
2015.12	19771	2710	22692	20729	4249	85946

* 自2005年起，本表采用其他存款性公司和其他金融性公司分类，其机构范围详见第100页[注1]。2005年之前，存款货币银行和特定存款机构加总的数据可以替代其他存款性公司数据，其他金融机构的数据可以替代其他金融性公司数据。

* For this sheet, new classification is adopted since 2005. Please refer to the note 1 on page 100 for the particular institution coverage of other depository corporations and other financial corporations.To keep comparability, the data of other depository corporations before 2005 could be approximately substituted by the aggregation of deposit money banks and specific monetary institutions. Similarly, data of other financial corporations could be substituted by data of other financial institutions before 2005.

2.13 2 农村信用社资产负债表(负债)

Balance Sheet of Rural Credit Cooperatives (Liabilities)

单位:亿元
Unit: 100 Million Yuan

	对非金融机构及住户负债 Liabilities to Non-financial Institutions & Households	纳入广义货币的存款 Deposits Included in Broad Money	企业活期存款 Demand Deposits of Enterprises	企业定期存款 Time Deposits of Enterprises	居民储蓄存款 Household Savings Deposits	不纳入广义货币的存款 Deposits Excluded from Broad Money	可转让存款 Transferable Deposits	其他存款 Other Deposits	其他负债 Other Liabilities	对中央银行负债 Liabilities to Central Bank
2008	41766.8	41715.9	6804.9	1875.6	33035.3	19.8	4.1	15.7	31.2	413.5
2009	47466.9	47398.2	9205.2	2017.6	36175.5	23.1	7.8	15.3	45.6	512.5
2010.03	46955.8	46925.6	8370.1	1830.1	36725.5	3.5	0.7	2.7	26.7	557.2
2010.06	47695.3	47655.8	8751.3	1916.2	36988.3	4.6	1.1	3.5	34.9	732.0
2010.09	48862.4	48818.9	9325.7	2046.7	37446.5	4.9	1.0	3.9	38.6	766.8
2010.12	50563.7	50500.5	10083.2	2029.8	38387.5	6.1	1.3	4.8	57.1	780.8
2011.03	53303.8	53223.4	9883.0	1915.5	41424.9	18.4	4.7	13.7	62.1	889.3
2011.06	54716.7	54627.6	10269.4	2148.0	42210.3	19.0	5.0	14.0	70.0	1042.6
2011.09	55852.6	55744.8	10706.7	2155.2	42882.9	21.3	4.9	16.5	86.5	1134.2
2011.12	55846.8	55702.7	10876.7	1914.7	42911.3	7.2	1.0	6.2	136.9	1107.6
2012.03	59113.8	58997.9	10590.0	1972.7	46435.2	9.2	0.7	8.5	106.6	1079.7
2012.06	60029.1	59914.7	10708.8	2135.2	47070.7	9.7	0.8	8.9	104.7	1314.7
2012.09	60446.5	60318.7	10811.6	2202.3	47304.8	10.6	0.9	9.6	117.2	1306.1
2012.12	59910.6	59740.5	10894.0	2061.7	46829.9	8.4	0.8	7.5	161.7	1212.5
2013.03	64623	64500	11045	2177	51278	8	0	8	114	1082
2013.06	64922	64804	11172	2318	51315	10	1	9	107	1362
2013.09	65111	64982	11188	2344	51450	9	1	9	120	1414
2013.12	65313	65124	11515	2271	51338	8	1	7	180	1341
2014.03	68768	68640	11212	2589	54840	5	0	5	122	1138
2014.06	68973	68854	11406	2890	54558	6	1	5	113	1360
2014.09	67661	67532	11044	2884	53603	9	1	9	120	1525
2014.12	66662	66484	10848	2776	52861	6	0	6	171	1435
2015.03	68223	68104	9895	2927	55282	7	0	7	112	1242
2015.06	67026	66910	10130	3037	53743	7	0	6	109	1390
2015.09	66647	66526	10325	2998	53203	7	1	6	114	1343
2015.12	63807	63630	9916	2559	51155	7	1	7	169	1072

2.13 2 农村信用社资产负债表(负债)
Balance Sheet of Rural Credit Cooperatives (Liabilities)

单位:亿元
Unit: 100 Million Yuan

	对其他存款性公司负债* Liabilities to Other Depository Corporations*	对其他金融性公司负债* Liabilities to Other Financial Corporations*	计入广义货币的存款 Deposits Included in Broad Money	国外负债 Foreign Liabilities	债券发行 Bonds Issue	实收资本 Paid-in Capital	其他负债 Other Liabilities	总负债 Total Liabilities
2008	2386.2	42.7	0.0	0.0	0.0	2014.0	3244.4	49867.7
2009	2295.3	101.3	0.0	0.0	0.1	2102.0	3564.1	56042.1
2010.03	2156.2	350.7	0.0	0.0	0.1	1916.9	3151.8	55108.6
2010.06	2318.4	327.2	0.0	0.0	0.1	1936.9	3363.5	56373.4
2010.09	2428.5	262.4	0.0	0.0	0.1	1959.2	3624.5	57903.9
2010.12	2403.1	204.9	0.0	0.3	0.1	2152.1	4101.3	60206.3
2011.03	3042.4	308.1	0.0	0.0	0.1	2100.3	3998.5	63642.5
2011.06	3133.0	344.6	0.0	0.0	0.0	2149.4	4374.8	65761.1
2011.09	3096.9	308.3	0.0	0.0	6.8	2187.2	4768.3	67354.4
2011.12	2652.9	412.6	44.4	0.0	6.0	2353.6	5220.4	67599.9
2012.03	2892.9	556.1	253.6	0.0	3.8	2266.7	5119.4	71032.2
2012.06	3103.6	602.5	255.1	0.2	0.0	2357.8	5485.5	72893.3
2012.09	3216.9	443.4	67.8	0.2	0.0	2374.4	5735.7	73523.2
2012.12	3492.2	462.8	56.9	0.0	0.0	2428.4	6341.7	73848.1
2013.03	5143	397	69	2	0	2388	6590	80225
2013.06	3788	369	110	0	0	2432	6592	79465
2013.09	4358	468	107	0	0	2420	6999	80771
2013.12	3936	459	90	0	0	2570	7133	80752
2014.03	6915	345	60	0	0	2524	7385	87074
2014.06	7415	334	62	0	0	2550	7654	88285
2014.09	7829	356	71	0	0	2524	7995	87889
2014.12	6698	561	75	0	1	2647	8674	86677
2015.03	8991	418	103	0	1	2518	8873	90267
2015.06	9725	691	126	0	16	2529	8750	90128
2015.09	9800	395	148	0	57	2535	9489	90266
2015.12	7909	508	127	0	18	2566	10066	85946

* 见第51页脚注。
* See footnote on page 51.

2.14 1 财务公司资产负债表(资产)
Balance Sheet of Finance Companies (Assets)

单位：亿元
Unit: 100 Million Yuan

	国外资产 Foreign Assets	储备资产 Reserve Assets			对政府债权 Claims on Government	对中央银行债权 Claims on Central Bank
			准备金存款 Deposits with Central Bank	库存现金 Cash in Vault		
2008	236.6	776.9	776.8	0.0	127.3	26.1
2009	31.3	969.8	969.8	0.0	107.3	14.6
2010.03	177.1	1113.4	1113.4	0.0	209.1	2.1
2010.06	42.0	1274.1	1274.1	0.0	194.9	0.0
2010.09	48.7	1345.7	1345.7	0.0	210.2	0.5
2010.12	71.8	1584.9	1584.9	0.0	203.5	1.0
2011.03	91.7	1813.9	1778.0	35.9	185.5	1.7
2011.06	90.8	2092.6	2092.6	0.0	183.8	1.1
2011.09	70.7	2148.0	2148.0	0.0	154.3	1.3
2011.12	90.5	2025.9	2025.9	0.0	131.5	1.5
2012.03	87.9	2059.6	2059.5	0.1	129.2	1.0
2012.06	95.1	2156.4	2156.4	0.0	99.8	1.0
2012.09	104.1	2265.8	2265.7	0.0	98.5	1.0
2012.12	98.9	2222.6	2222.6	0.0	103.7	1.0
2013.03	154	2257	2257	0	96	1
2013.06	135	2468	2468	0	98	1
2013.09	104	2621	2621	0	58	1
2013.12	116	2640	2640	0	56	1
2014.03	124	2665	2665	0	56	1
2014.06	137	2811	2810	0	55	0
2014.09	98	2967	2967	0	51	0
2014.12	152	3015	3015	0	55	0
2015.03	137	2913	2913	0	57	0
2015.06	144	2115	2115	0	62	0
2015.09	188	1982	1982	0	76	0
2015.12	189	2174	2174	0	67	0

注：自2008年起，本表项目中原“央行债券”更名为“对中央银行债权”。
Note: Since 2008, the item of “Central Bank Bonds” is renamed as “Claims on Central Bank”.

2.14 1 财务公司资产负债表(资产)
Balance Sheet of Finance Companies (Assets)

单位:亿元
Unit: 100 Million Yuan

	对其他存款性公司债权* Claims on Other Depository Corporations*	对其他金融性公司债权* Claims on Other Financial Corporations*	对非金融性公司债权 Claims on Non-financial Corporations	对其他居民部门债权 Claims on Other Resident Sectors	其他资产 Other Assets	总资产 Total Assets
2008	3156.2	48.0	5109.3	72.3	388.7	9941.3
2009	3834.2	61.8	6778.2	95.1	409.9	12302.2
2010.03	4583.4	199.1	6313.5	111.6	427.4	13136.7
2010.06	4726.1	192.0	6762.4	132.7	409.1	13733.2
2010.09	5453.2	223.2	6913.3	148.9	424.3	14768.2
2010.12	5348.7	289.7	7435.9	162.7	441.0	15539.0
2011.03	5351.6	293.6	7378.6	165.0	522.1	15803.6
2011.06	5341.8	386.6	7605.0	179.5	508.7	16389.8
2011.09	5258.3	308.7	7954.8	198.7	522.4	16617.2
2011.12	5914.8	316.7	8496.9	230.3	544.2	17752.2
2012.03	5998.0	411.7	8462.0	239.1	472.1	17860.7
2012.06	5883.1	452.7	8901.9	236.5	424.9	18251.3
2012.09	6347.3	473.4	8989.7	238.9	287.9	18806.3
2012.12	6837.6	511.2	9747.8	240.7	244.5	20008.0
2013.03	6678	521	9900	245	265	20117
2013.06	6852	484	10233	261	205	20736
2013.09	7277	530	10801	297	190	21878
2013.12	8890	518	11256	354	183	24014
2014.03	7519	692	11588	387	222	23254
2014.06	8026	943	12078	409	216	24675
2014.09	9557	1027	12244	430	218	26594
2014.12	12141	968	13114	465	239	30149
2015.03	9667	1383	13165	499	272	28092
2015.06	11736	1760	13825	523	292	30457
2015.09	12965	2348	14203	571	288	32622
2015.12	17973	2343	15393	684	339	39161

* 自2005年起，本表采用其他存款性公司和其他金融性公司分类，其机构范围详见第100页[注1]。2005年之前，存款货币银行和特定存款机构加总的数据可以替代其他存款性公司数据，其他金融机构的数据可以替代其他金融性公司数据。

* For this sheet, new classification is adopted since 2005. Please refer to the note 1 on page 100 for the particular institution coverage of other depository corporations and other financial corporations.To keep comparability, the data of other depository corporations before 2005 could be approximately substituted by the aggregation of deposit money banks and specific monetary institutions. Similarly, data of other financial corporations could be substituted by data of other financial institutions before 2005.

2.14 2 财务公司资产负债表(负债)

Balance Sheet of Finance Companies (Liabilities)

单位：亿元
Unit: 100 Million Yuan

	对非金融机构及住户负债 Liabilities to Non-financial Institutions & Households	纳入广义货币的存款 Deposits Included in Broad Money	企业活期存款 Demand Deposits of Enterprises	企业定期存款 Time Deposits of Enterprises	居民储蓄存款 Household Savings Deposits	不纳入广义货币的存款 Deposits Excluded from Broad Money	可转让存款 Transferable Deposits	其他存款 Other Deposits	其他负债 Other Liabilities	对中央银行负债 Liabilities to Central Bank
2008	7552.2	7240.8	3996.9	3243.9	—	297.6	274.4	23.2	13.7	1.3
2009	9664.9	9210.6	4621.4	4589.2	—	437.3	182.7	254.5	17.1	2.9
2010.03	10080.0	9596.4	4999.0	4597.4	—	477.1	205.4	271.7	6.5	3.5
2010.06	10755.5	10291.2	5071.8	5219.4	—	458.3	240.7	217.6	6.0	7.8
2010.09	11597.1	11051.2	5496.0	5555.1	—	539.9	309.7	230.2	6.1	5.8
2010.12	12403.7	11839.1	6376.8	5462.2	—	558.1	339.7	218.4	6.6	7.2
2011.03	12187.0	11720.0	6059.6	5660.2	0.2	460.8	370.9	89.9	6.2	8.9
2011.06	12738.7	12238.0	6511.8	5726.0	0.2	494.5	468.5	26.1	6.2	6.0
2011.09	12812.0	12308.5	6097.5	6210.7	0.3	497.5	437.6	59.9	6.0	32.5
2011.12	13494.1	12980.6	7130.3	5850.1	0.2	506.4	427.8	78.7	7.1	61.5
2012.03	13316.5	12839.9	6820.1	6019.5	0.3	470.2	397.0	73.3	6.4	66.3
2012.06	13797.3	13427.3	6892.1	6534.9	0.3	363.4	308.3	55.0	6.6	65.7
2012.09	14400.5	14051.0	7000.6	7050.1	0.2	342.8	271.1	71.7	6.8	63.4
2012.12	15451.0	15141.0	7726.1	7414.6	0.2	302.6	236.1	66.5	7.5	97.2
2013.03	15495	15210	7565	7645	0	278	206	71	7	112
2013.06	16079	15788	7059	8729	0	284	199	85	7	97
2013.09	17069	16787	7388	9399	0	276	198	78	7	102
2013.12	18861	18543	9519	9024	0	309	250	59	9	116
2014.03	17831	17528	8059	9463	6	295	228	68	8	111
2014.06	19034	18698	9069	9623	6	329	226	102	8	112
2014.09	20905	20576	9912	10658	5	322	196	125	8	106
2014.12	23943	23486	12739	10743	5	446	322	125	11	113
2015.03	21364	20741	9755	10983	4	613	475	137	9	123
2015.06	23648	23147	11970	11174	3	492	330	162	9	110
2015.09	25909	25319	12356	12961	2	581	364	217	9	110
2015.12	31549	30872	17150	13720	2	667	489	178	11	125

2.14 2 财务公司资产负债表(负债)
Balance Sheet of Finance Companies (Liabilities)

单位:亿元
Unit: 100 Million Yuan

	对其他存款性公司负债* Liabilities to Other Depository Corporations*	对其他金融性公司负债* Liabilities to Other Financial Corporations*	计入广义货币的存款 Deposits Included in Broad Money	国外负债 Foreign Liabilities	债券发行 Bonds Issue	实收资本 Paid-in Capital	其他负债 Other Liabilities	总负债 Total Liabilities
2008	505.9	97.9	2.3	1.5	149.9	762.2	870.6	9941.3
2009	399.0	71.6	6.7	6.0	374.1	945.4	838.3	12302.2
2010.03	543.7	231.8	3.6	14.5	374.3	977.7	911.2	13136.7
2010.06	475.4	87.8	3.3	22.5	373.4	1050.4	960.4	13733.2
2010.09	510.3	92.5	0.9	23.9	374.2	1118.1	1046.2	14768.2
2010.12	458.9	65.6	1.1	24.2	321.4	1196.2	1061.8	15539.0
2011.03	743.3	27.4	0.7	0.0	321.5	1226.1	1289.5	15803.6
2011.06	697.7	27.8	0.6	0.0	321.7	1281.0	1317.1	16389.8
2011.09	664.7	41.0	0.5	0.0	321.5	1371.6	1374.1	16617.2
2011.12	793.2	68.6	52.0	0.0	321.6	1500.3	1513.0	17752.2
2012.03	788.2	194.0	29.6	0.0	321.8	1655.8	1518.1	17860.7
2012.06	671.9	194.5	31.5	0.0	241.9	1747.4	1532.6	18251.3
2012.09	663.6	145.6	31.2	0.0	241.7	1824.2	1467.3	18806.3
2012.12	809.1	65.2	55.5	0.0	152.8	1891.1	1541.6	20008.0
2013.03	691	54	45	0	153	1965	1647	20117
2013.06	622	44	35	0	153	2085	1657	20736
2013.09	465	52	40	0	161	2333	1696	21878
2013.12	556	59	47	0	161	2447	1813	24014
2014.03	558	71	57	0	161	2549	1972	23254
2014.06	635	56	51	0	163	2656	2018	24675
2014.09	509	40	35	0	110	2754	2168	26594
2014.12	617	64	36	8	189	2878	2337	30149
2015.03	683	98	63	15	189	3004	2617	28092
2015.06	585	117	84	35	190	3097	2675	30457
2015.09	339	148	113	33	190	3284	2608	32622
2015.12	647	200	105	31	191	3604	2814	39161

* 见第 55 页脚注。
* See footnote on page 55.

3.1 金融统计数据报告

2015年金融统计数据报告

一、2015年社会融资规模增量为15.41万亿元

初步统计，2015年社会融资规模增量为15.41万亿元，比上年少4675亿元。其中，对实体经济发放的人民币贷款增加11.27万亿元，同比多增1.52万亿元；对实体经济发放的外币贷款折合人民币减少6427亿元，同比少增7662亿元；委托贷款增加1.59万亿元，同比少增5829亿元；信托贷款增加434亿元，同比少增4740亿元；未贴现的银行承兑汇票减少1.06万亿元，同比多减9371亿元；企业债券净融资2.94万亿元，同比多5070亿元；非金融企业境内股票融资7604亿元，同比多3254亿元。2015年12月，社会融资规模增量为1.82万亿元，分别比上月和上年同期多7927亿元和2477亿元。

从结构看，2015年全年对实体经济发放的人民币贷款占同期社会融资规模的73.1%，同比高11.7个百分点；对实体经济发放的外币贷款占比为-4.2%，同比低5.0个百分点；委托贷款占比为10.3%，同比低3.4个百分点；信托贷款占比为0.3%，同比低3.0个百分点；未贴现的银行承兑汇票占比为-6.9%，同比低6.1个百分点；企业债券占比为19.1%，同比高3.8个百分点；非金融企业境内股票融资占比为4.9%，同比高2.2个百分点。

二、广义货币增长13.3%，狭义货币增长15.2%

12月末，广义货币(M2)余额139.23万亿元,同比增长13.3%，增速比上月末低0.4个百分点，比上年末高1.1个百分点；狭义货币(M1)余额40.10万亿元，同比增长15.2%，增速比上月末低0.5个百分点，比上年末高12.0个百分点；流通中货币(M0)余额6.32万亿元，同比增长4.9%。2015年全年净投放现金2957亿元。

三、全年人民币贷款增加11.72万亿元，外币贷款减少502亿美元

12月末，本外币贷款余额99.35万亿元，同比增长13.4%。12月末，人民币贷款余额93.95万亿元，同比增长14.3%，增速比上月末低0.6个百分点，比上年末高0.6个百分点。2015年全年人民币贷款增加11.72万亿元，同比多增1.81万亿元。分部门看，住户部门贷款增加3.87万亿元，同比多增5813亿元，其中，短期贷款增加8199亿元，中长期贷款增加3.05万亿元；非金融企业及机关团体贷款增加7.38万亿元，同比多增8988亿元，其中，短期贷款增加1.90万亿元，中长期贷款增加3.54万亿元，票据融资增加1.66万亿元；非银行业金融机构贷款增加3767亿元。12月，人民币贷款增加5978亿元，同比少增3453亿元。

12月末，外币贷款余额8303亿美元，同比下降5.8%。2015年全年外币贷款减少502亿美元。

四、全年人民币存款增加14.97万亿元，外币存款增加167亿美元

12月末，本外币存款余额139.78万亿元，同比增长12.4%。12月末，人民币存款余额135.70万亿元，同比增长12.4%，增速比上月末低0.7个百分点，比上年末高0.3个百分点。2015年全年，人民币存款增加14.97万亿元，同比多增1.94万亿元，其中，住户存款增加4.40万亿元，非金融企业存款增加5.28万亿元，财政性存款减少914亿元，非银行业金融机构存款增加4.08万亿元。12月，人民币存款减少370亿元，同比少增6744亿元。

12月末，外币存款余额6272亿美元，同比增长3.2%。2015年全年外币存款增加167亿美元。

五、12月，银行间人民币市场同业拆借月加权平均利率1.97%，质押式债券回购月加权平均利率1.95%

2015年全年，银行间人民币市场以拆借、现券和回购方式合计成交608.71万亿元，日均成交2.44万亿元，日均成交比上年增长102.1%。

12月，同业拆借月加权平均利率为1.97%，比上月高0.07个百分点；质押式回购月加权平均利率为1.95%，比上月高0.1个百分点。

六、国家外汇储备余额3.33万亿美元

12月末，国家外汇储备余额为3.33万亿美元。12月末，人民币汇率为1美元兑6.4936元人民币。

七、2015年跨境贸易人民币结算业务发生7.23万亿元，直接投资人民币结算业务发生2.32万亿元

初步统计，2015年以人民币进行结算的跨境货物贸易、服务贸易及其他经常项目、对外直接投资、外商直接投资分别发生63911亿元、8432亿元、7362亿元、15871亿元。

注1：社会融资规模是指实体经济（境内非金融企业和住户，下同）从金融体系获得的资金。其中，增量指标是指一定时期内（每月、每季度或每年）获得的资金额，存量指标是指一定时期末（月末、季度末或年末）获得的资金余额。统计数据来源于中国人民银行、国家发展和改革委员会、中国证券监督管理委员会、中国保险监督管理委员会、中央国债登记结算有限责任公司和中国银行间市场交易商协会等部门。

注2：当期数据为初步统计数。当月比上月、比上年同期的数据为可比口径数据。当月M2同比增速根据可比口径计算。

注3：自2015年起，人民币、外币和本外币存款含非银行业金融机构存放款项，人民币、外币和本外币贷款含拆放给非银行业金融机构的款项。委托贷款统计制度进行了调整，将委托贷款划分为现金管理项下的委托贷款和一般委托贷款。

注4：社会融资规模中的本外币贷款是指一定时期内实体经济从金融体系获得的人民币和外币贷款，不包含银行业金融机构拆放给非银行业金融机构的款项和境外贷款。社会融资规模中的委托贷款只包括由企事业单位及个人等委托人提供资金，由金融机构（贷款人或受托人）根据委托人确定的贷款对象、用途、金额、期限、利率等向境内实体经济代为发放、监督使用并协助收回的一般委托贷款。

3.1 Financial Statistics Data Report

Report on Financial Statistics of 2015

1. China's aggregate financing to the real economy (AFRE, flow) amounted to 15.41 trillion yuan in 2015

According to preliminary statistics, AFRE(flow) reached 15.41 trillion yuan in 2015, 467.5 billion yuan less than that in 2014. In particular, new RMB loans to the real economy increased by 11.27 trillion yuan, up 1.52 trillion yuan year on year; new foreign currency-denominated loans to the real economy decreased by an equivalent of 642.7 billion yuan, down 766.2 billion yuan year on year; new entrusted loans rose 1.59 trillion yuan, down 582.9 billion yuan year on year; new trust loans rose 43.4 billion yuan, down 474 billion yuan year on year; undiscounted banker's acceptances decreased by 1.06 trillion yuan, down 937.1 billion yuan year on year; new net bond financing of enterprises rose 2.94 trillion yuan, up 507 billion yuan year on year; financing by domestic non-financial companies via the domestic stock market was 760.4 billion yuan, up 325.4 billion yuan year on year. In December of 2015, the AFRE(flow) was 1.82 trillion yuan, up 792.7 billion yuan than that in the previous month and up 247.7 billion yuan year on year.

From a structural point of view, new RMB loans to the real economy accounted for 73.1 percent in the AFRE(flow), up 11.7 percentage points year on year; new foreign currency-denominated loans to the real economy accounted for minus 4.2 percent, down 5.0 percentage points year on year; new entrusted loans accounted for 10.3 percent, down 3.4 percentage points year on year; new trust loans accounted for 0.3 percent, down 3.0 percentage points year on year; new undiscounted banker's acceptances accounted for minus 6.9 percent, down 6.1 percentage points year on year; new net bond financing of enterprises accounted for 19.1 percent, up 3.8 percentage points year on year; financing by domestic non-financial companies via the domestic stock market accounted for 4.9 percent, up 2.2 percentage points year on year.

2. Broad money (M2) and narrow money (M1) rose by 13.3 percent and 15.2 percent respectively

At end-december, broad money (M2) stood at 139.23 trillion yuan, increased by 13.3 percent year on year,down 0.4 percentage point from a month earlier and up 1.1 percentage points from end-2014. Narrow money (M1) registered 40.10 trillion yuan, increased by 15.2 percent year on year, down 0.5 percentage point from a month earlier and up 12.0 percentage points from end-2014. Currency in circulation (M0) was 6.32 trillion yuan, increased by 4.9 percent year on year. The full year saw a net money injection of 295.7 billion yuan.

3. RMB loans increased by 11.72 trillion yuan, and foreign currency loans decreased by US$50.2 billion respectively in 2015

At end-december, outstanding RMB and foreign currency loans registered 99.35 trillion yuan, up 13.4 percent year on year. Outstanding RMB loans grew by 14.3 percent year on year to 93.95 trillion yuan,down 0.6 percentage point from a month earlier and up 0.6 percentage point from end-2014. RMB loans increased by 11.72 trillion yuan in 2015, up 1.81 trillion yuan year on year. By sector, household loans increased by 3.87 trillion yuan, up 581.3 billion yuan year on year, with short-term loans increased by 819.9 billion yuan, and medium-and long-term (MLT) loans increased by 3.05 trillion yuan; loans to non-financial enterprises and other sectors increased by 7.38 trillion yuan, up 898.8 billion year on year, with short-term loans increased by 1.90 trillion yuan, and MLT loans increased by 3.54 trillion yuan; bill financing increased by 1.66 trillion yuan; loans to non-banking financial institutions increased by 376.7 billion yuan. In December, RMB loans increased by 597.8 billion yuan, 345.3 billion yuan less than the growth in the same period of last year.

At end-december, outstanding foreign currency loans registered US$830.3 billion, down 5.8 percent year on year. Foreign currency loans decreased by US$50.2 billion in 2015.

4. RMB deposits and foreign currency deposits increased by 14.97 trillion yuan and US$16.7 billion respectively in 2015

At end-december, the outstanding amount of RMB and foreign currency deposits registered 139.78 trillion yuan, up 12.4 percent year on year. RMB deposits registered 135.70 trillion yuan, increased by 12.4 percent year on year, down 0.7 percentage point from a month earlier and up 0.3 percentage point from end-2014. RMB deposits increased by 14.97 trillion yuan in 2015,1.94 trillion yuan more than that recorded for last year. By sector, household deposits increased by 4.40 trillion yuan; deposits of non-financial enterprises increased by 5.28 trillion yuan; fiscal deposits decreased by 91.4 billion yuan; deposits of non-banking financial institutions increased by 4.08 trillion yuan. In December, RMB deposits decreased by 37 billion yuan, down 674.4 billion yuan in the same period of last year.

At end-december, the outstanding amount of foreign currency deposits was US$627.2 billion, up 3.2 percent year on year. Foreign currency deposits increased by US$16.7 billion in 2015.

5. The monthly weighted average interbank lending rate stood at 1.97 percent and the monthly weighted average interest rate on bond pledged repo stood at 1.95 percent for december

In 2015, lending, spot trading and bond repo transactions in the interbank RMB market totaled 608.71 trillion yuan. The average daily turnover was 2.44 trillion yuan, up 102.1 percent year on year.

In December, The monthly weighted average interbank lending rate for September stood at 1.97 percent, up 0.07 percentage point from the previous month. The monthly weighted average interest rate on bond pledged repo registered 1.95 percent, up 0.1 percentage point from the previous month.

6. Official foreign exchange reserves stood at US$3.33 trillion

At end-december, China's foreign exchange reserves stood at US$3.33 trillion and the RMB exchange rate was 6.4936 yuan per US dollar.

7. RMB cross-border trade settlement and RMB settlement of direct investment reached 7.23 trillion yuan and 2.32 trillion yuan respectively in 2015

In 2015, RMB settlement in cross-border trade in goods, cross-border trade in services and other current accounts, outward FDI and inward FDI amounted to 6.391 trillion yuan, 843.2 billion yuan, 736.2 billion yuan and 1.59 trillion yuan respectively.

Note 1: AFRE refers to the volume of financing provided by the financial system to the real economy during a certain period of time, where real economy means non-financial enterprises and households, in which, AFRE(flow) is the total volume that the real economy getting during a certain period of time(monthly, quarterly or annually), AFRE(stock) refers to the outstanding of financing provided by the financial system to the real economy at the end of a period (monthly, quarterly or annually). Data were from the PBC, NDRC, CSRC, CIRC, CCDC and NAFMII.

Note 2: Statistics for the current period is preliminary.Comparative data of AFRE is calculated on a comparable basis. The year-on-year M2 growth rate for the current month is calculated on a comparable basis.

Note 3: Starting from 2015, deposits of non-banking financial institutions are included in RMB deposits, foreign currency deposits and deposits in RMB and foreign currencies; lending to non-banking financial institutions is included in RMB loans, foreign currency loans and loans in RMB and foreign currencies. The entrusted loan statistical framework has been adjusted. The entrusted loan has been divided into two types, which are general entrusted loans and entrusted loans under cash management account.

Note 4: RMB loans and foreign currency loans in AFRE refer to those issued to the real economy by the financial system during a certain period of time, barring the funds lends to non-bank financial institutions by the banking financial institutions.General entrusted loan refers to lending that some NFCs (corporations and individuals) have entrusted ODCs to provide to other NFCs according to the terms of loans as designated by the entrusting parties, including clauses of uses of loans, amount, maturity, interest rate. Entrusted loans are recorded as off-balance sheet items in financial corporations' accounts.

3.2 景气状况分析：2015年四季度
Business Climate Analysis: 2015 Q4

企业经营状况总体收缩，盈利水平持续下滑
Operation Shrank and Profitability Declined for Industrial Enterprises

第98次企业家问卷调查[1]统计显示，2015年四季度，企业家宏观经济热度指数继续下降，生产持续收缩，经济增长信心仍然不足。融资成本持续下降，税费负担趋于减轻。市场需求不足，订单减少，存货水平偏高。企业盈利指数连续两个月下滑，投资意愿持续下降。当前，市场竞争加剧和需求不足仍是企业面临的最主要困难，企业对下季度盈利和投资预期依然谨慎。

企业景气指数为*[2]48.4%，比上季度回落1个百分点（见企业景气指数趋势图）。

调查的27个行业中，企业景气指数高于全国平均水平的有13个行业，分别为：(1)医药制造业；(2)印刷复制业；(3)电气热业；(4)塑料制品业；(5)电气机械及家电制造业；(6)食饮烟业；(7)电子及通信设备制造业；(8)仪器仪表业；(9)服装及纤维业；(10)其他工业；(11)石油加工炼焦业；(12)造纸及纸制品业；(13)交通运输设备制造业。

According to the result of the 98th Entrepreneur's Questionnaire Survey[1], in 2015 Q4, indices of macro-economy declined and operation of enterprises shrank further. Insufficient confidence was witnessed for the growth of economy. The finance cost declined and taxation lessened. Weak market demand and declined new orders were experienced by enterprises, which made the inventory level a little bit higher than expected. Index of profitability fell continually for the past two quarters and desire for fixed assets investment has not been obviously improved. Fierce competition and weak demand were still the most severe difficulties encountered by enterprises. Entrepreneurs held cautious expectation for 2016 Q1.

The climate index of enterprises*[2] was 48.4%, down by 1 percentage point from the previous quarter (See the trend of climate index of enterprises).

The climate indices of 13 industries out of 27 surveyed industries surpassed the national average, which includes: (1) Manufacture of Medicines; (2) Printing and Reproduction; (3) Production and Supply of Electric Power, Gas and Heat; (4) Plastic Products; (5) Manufacture of Electrical Machinery and Household Appliances; (6) Manufacture of Food, Beverage and Tobacco; (7) Electronic and Communication Equipment Production; (8) Instruments and Meters; (9) Manufacture of Clothing and Fiber; (10) Other Industries; (11) Processing of Petroleum and Coking Products; (12) Manufacture of Paper and Paper Products; (13) Manufacture of Transport Equipment.

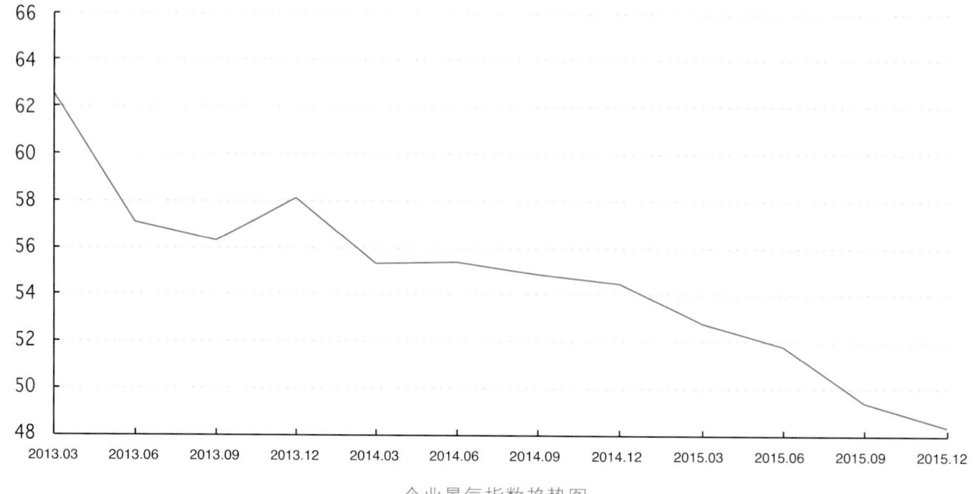

企业景气指数趋势图
The Trend of Climate Index of Enterprises

① 始自1992年的中国人民银行企业家问卷调查系统，截至2015年四季度已连续进行了98次调查。2015年四季度企业家问卷调查，共汇总有效问卷5000余份。
① The PBC Entrepreneurs Questionnaire Survey System started as of 1992 and this is the 98th questionnaire survey conducted in 2015 Q4. There are more than 5000 effective questionnaires for this quarter.
② 景气指数又称扩散指数(DI)，是对景气调查中定性指标的量化描述，用于反映该指标所处的状态，以%为单位(百分化以后)，其数值为0~100。一般而言，指数上升可反映企业经营环境在改善，企业家的信心在增强，指数下降则相反。
② Climate Index or Diffusion Index (DI), is a quantitative indicator for qualitative answers to questions in the questionnaire, which is used to explain the status of the qualitative questions. Measured in percent, the index ranges from 0 to 100. Generally speaking, it shows that business condition is improving and entrepreneurs' confidence turns upward when DI ascends, and vice versa.
* 原称为企业总体经营指数，也称企业经营景气指数。
* The former name of the climate index of enterprises is the general business condition index.

3.3 宏观经济
Macroeconomics

2015年四季度宏观经济运行监测

China's Macroeconomic Performance in 2015 Q4

2015年四季度工业生产增速放缓。投资增速回落,消费平稳增长。进出口增速回落，贸易顺差扩大。物价涨幅较低，上游价格持续负增长。财政收入低速增长，支出增长较快。总体来看，未来经济制约因素较多，经济下行压力较大。

经济增长较弱，宏观经济热度下降。2015年经济增长6.9%，比上年低0.5个百分点。四季度同比增长6.8%，比上季度低0.1个百分点，比上年同期低0.5个百分点。四季度，企业家宏观经济热度指数为22.7%，较上季度下降1.8个百分点，较上年同期下降8.4个百分点。企业家宏观经济信心指数为46%，较上季度下降4.5个百分点，较上年同期下降15个百分点。

工业生产增速下滑，企业经济效益下降。2015年累计，全国规模以上工业增加值同比增长6.1%，增速比前三季度下降0.1个百分点，比上年低2.2个百分点。发电量累计同比增长-0.2%，增速比前三季度低0.3个百分点，比上年低3.4个百分点。全国规模以上工业企业实现利润总额63554亿元，同比增长-2.3%，增速比上年低5.6个百分点，比前三季度低0.6个百分点。

固定资产投资增速回落，消费增速基本稳定。2015年累计，固定资产投资（不含农户）完成551590亿元，名义同比增长10.0%，增速比前三季度回落0.3个百分点，比上年低5.7个百分点。其中，房地产开发累计投资95979亿元，同比增长1.0%。2015年累计，社会消费品零售总额300931亿元，名义同比增长10.7%，增速比上年低1.3个百分点，比前三季度高0.2个百分点；实际增长10.6%，增速比上年低0.3个百分点，比前三季度高0.1个百分点。

进出口增速回落，贸易顺差扩大。四季度，进出口同比增长-7.9%，增速比上季度高2个百分点，比上年同期低11.8个百分点。其中，出口同比下降11.7%，增速比上季度高0.9个百分点，比上年同期低13.6个百分点；进口同比下降8.7%，比上季度高2.8个百分点，比上年同期低9.8个百分点。全年贸易顺差5945亿美元，同比增长55.2%。

CPI同比涨幅下降，上游价格持续负增长。2015年，CPI同比涨幅总体呈现下降趋势，全年CPI上涨1.4%，比上年低0.6个百分点，与前三季度持平。12月，CPI同比上涨1.6%，环比上涨0.5%。12月，PPI同比涨幅为-5.9%，与上月持平；环比涨幅为-0.6%，比上月低0.1个百分点。PPI全年涨幅为-5.2%，增速比上年低3.3个百分点。12月，人民银行监测的CGPI同比涨幅为-7.3%，比上月高0.4个百分点；环比涨幅为-0.5%，比上月高0.4个百分点。CGPI全年涨幅为-6.4%，比上年低4.2个百分点。

财政收支低速增长。2015年，全国财政收入152217亿元，按可比口径同比增长5.8%，增速比上年低2.8个百分点，其中税收收入124892亿元，增长4.8%。全国财政支出175768亿元，按可比口径增长13.2%，增速比上年高4.9个百分点。2015年，全国财政收支盈余为-23551亿元，比上年减少12135.5亿元。

在当前形势下，应在稳健货币政策的总基调下，综合运用数量型和价格型货币政策工具调控流动性，密切关注经济形势和就业形势的变化，增强货币政策的灵活性和前瞻性，促进国民经济持续健康发展。

In the forth quarter of 2015, the growth rate of industrial production dropped. Growth in fixed asset investment slowed down, and consumption grew stabile. Growth in exports and imports slowed down, and the trade surplus enlarged. Inflationary pressure was alleviated, and prices for upstream goods dropped persistently. Growth in fiscal revenue was slow, and fiscal expenditure grew rapidly. In general, restricting factors in economic still exist, and the risk of economic slow down looms larger.

Economic growth decelerated, and macroeconomic activity index dropped. The GDP grew 6.9% on a year-on-year basis in 2015, when measured in constant prices, 0.5 percentage point less than 2014. Q4 witnessed a GDP growth of 6.8% on a year-on-year basis, down 0.1 and 0.5 percentage point compared to the previous quarter and the corresponding period of last year, respectively. The entrepreneur macroeconomic activity index was 22.7% in Q4, down 1.8 and 8.4 percentage points compared to the previous quarter and the corresponding period of last year, respectively. Entrepreneur confidence index was 46%, down 4.5 and 15 percentage points compared to the previous quarter and the corresponding period of last year, respectively.

Growth in industrial production and profitability of enterprises slowed down. The value-added of statistically large enterprises grew 6.1% on a year-on-year basis in 2015, down 0.1 percentage point compared to 2015 Q1-Q3, and down 2.2 percentage points compared 2014. Power generation increased by -0.2% on a year-on-year basis in 2015, down 0.3 percentage point compared to 2015 Q1-Q3, and down 3.4 percentage points compared to 2014. The profits of statistically large enterprises post 6.36 trillion yuan in 2015, grew -2.3% on a year-on-year basis. Growth rate in profits was 5.6 percentage points lower compared to 2014, and 0.6 percentage point lower compared to 2015 Q1-Q3.

Growth in fixed asset investment (FAI) slowed down, growth in consumption was stable. Fixed asset investment (excluding those from rural households) reached 55.16 trillion yuan in 2015, a year-on-year growth of 10.0% in nominal terms, down 0.3 and 5.7 percentage points compared to 2015 Q1-Q3 and 2014 respectively. Real estate development investment is a parts of FAI, and it was 9.60 trillion yuan in 2015, grew 1.0% year on year. Retail sales of consumer goods totaled 30.09 trillion yuan 2015, with a year-on-year growth of 10.7% in nominal terms, down 1.3 and up 0.2 percentage points compared to 2014 and 2015 Q1-Q3 respectively, and a year-on-year growth of 10.6% in real terms, down 0.3 and up 0.1 percentage point compared to 2014 and 2015 Q1-Q3 respectively.

Growth in export and import accelerated, and the trade surplus enlarged. In the fourth quarter of 2015, exports and imports grew by -7.9% year on year, up 2 and down 11.8 percentage points compared to the previous quarter and the corresponding period of last year, respectively. Exports grew by -11.7% year on year, up 0.9 and down 13.6 percentage points compared to the previous quarter and the corresponding period of last year, respectively. Imports grew by -8.7% year on year, up 2.8 and down 9.8 percentage points compared to the previous quarter and the corresponding period of last year, respectively. The trade surplus was 594.5 billion USD in 2015, grew 55.2% on a year-on-year basis.

Growth in CPI accelerated, and prices for upstream goods dropped persistently. Year-on-year growth in CPI has generally slowed down in 2015. CPI grew by 1.4% year on year in 2015, down 0.6 and 0 percentage point compared to 2014 and 2015 Q1-Q3, respectively. CPI grew by 1.6% year on year in December and the month-on-month growth rate was 0.5%. PPI and CGPI dropped by 5.2% and 6.4% on a year-on-year basis in 2015, down 3.3 and 4.2 percentage points compared to 2014. PPI and CGPI dropped by 5.9% and 7.3% on a year-on-year basis in December, down 0 and up 0.4 percentage point compared to November, respectively. PPI and CGPI grew by -0.6% and -0.5% on a month-on-month basis in December, down 0.1 and up 0.4 percentage point compared to November, respectively.

Fiscal revenue and expenditure grew slowly. Fiscal revenue registered 15.22 trillion yuan in 2015, grew by 5.8% on a year-on-year basis, down 2.8 percentage points compared to the corresponding period of last year. Tax revenue, a major component of fiscal revenue, posted 12.49 trillion yuan, which grew by 4.8% on a year-on-year basis. Fiscal expenditures registered 17.58 trillion yuan, grew by 13.2% on a year-on-year basis, up 4.9 percentage points compared to the corresponding period of last year. Fiscal expenditures was 2.35 trillion yuan more than fiscal revenue in 2015, 1.21 trillion yuan more than the corresponding period of last year.

Against the background, the PBC should continue its sound monetary policy, use appropriate pricing and quantity tools for monetary policy, pay close attention to changes in economy and employment, enhanced flexibility and forward-looking of the monetary policy, in order to realize the sustainable and health development of national economy.

4.1 1 全国银行间同业拆借交易统计表

Statistics of Interbank Lending

单位：亿元
Unit: 100 Million Yuan

	1天 1-day		7天 7-day		14天 14-day	
	交易量 Trading Volume	加权平均利率(%) Weighted Average Interest Rate(%)	交易量 Trading Volume	加权平均利率(%) Weighted Average Interest Rate(%)	交易量 Trading Volume	加权平均利率(%) Weighted Average Interest Rate(%)
2008	106514		35005		4744	
2009	161666		21348		5978	
2010	244862		24269		5061	
2011	273200		42401		9986	
2012	402814		41934		12068	
2013.01	33896	2.13	3047	3.27	719	3.14
2013.02	23010	2.59	3102	3.44	1140	3.67
2013.03	30720	2.31	4302	3.22	564	3.47
2013.04	37911	2.38	3160	3.37	738	3.50
2013.05	38622	2.80	3953	3.71	864	3.69
2013.06	11324	6.43	3125	6.98	805	7.07
2013.07	18775	3.34	3759	4.10	807	4.24
2013.08	19592	3.23	3911	4.10	675	4.52
2013.09	22371	3.22	3892	3.87	1911	4.64
2013.10	16880	3.62	3311	4.39	1158	4.24
2013.11	20190	3.88	4623	4.53	1057	5.08
2013.12	16345	3.71	3839	5.17	1143	5.63
2014.01	16783	3.36	3864	4.84	1333	5.44
2014.02	12863	2.49	3036	4.40	675	4.50
2014.03	26694	2.30	3079	3.47	662	3.42
2014.04	24816	2.47	4190	3.62	677	3.76
2014.05	34823	2.44	3316	3.31	561	3.44
2014.06	31107	2.72	4171	3.45	486	4.21
2014.07	26053	3.23	5104	3.98	1078	4.51
2014.08	19470	2.97	6185	3.61	1446	3.75
2014.09	27646	2.81	6762	3.41	1660	3.39
2014.10	30502	2.52	6456	3.18	1337	3.39
2014.11	24463	2.59	7456	3.33	801	3.68
2014.12	19761	2.97	7440	4.46	1052	4.93
2015.01	19544	2.81	5736	4.11	556	4.86
2015.02	13448	3.07	4569	4.73	997	4.92
2015.03	27839	3.37	6294	4.74	1594	4.66
2015.04	34246	2.26	6334	3.20	2275	3.54
2015.05	49143	1.24	7053	2.35	1245	2.50
2015.06	50263	1.19	8891	2.57	891	2.80
2015.07	58716	1.31	5915	2.76	930	3.03
2015.08	53120	1.68	5383	2.57	1184	2.71
2015.09	42107	1.93	5572	2.52	1836	2.79
2015.10	47456	1.91	5173	2.47	1007	2.74
2015.11	75975	1.82	7948	2.43	1515	2.64
2015.12	68097	1.86	8106	2.53	1275	2.84

4.1 1 全国银行间同业拆借交易统计表
Statistics of Interbank Lending

单位：亿元
Unit: 100 Million Yuan

	21天 21-day		1个月 1-month		2个月 2-month	
	交易量 Trading Volume	加权平均利率(%) Weighted Average Interest Rate(%)	交易量 Trading Volume	加权平均利率(%) Weighted Average Interest Rate(%)	交易量 Trading Volume	加权平均利率(%) Weighted Average Interest Rate(%)
2008	1107		1135		445	
2009	1022		2048		538	
2010	650		1613		466	
2011	2283		2705		1120	
2012	2370		4476		1626	
2013.01	91	3.68	234	3.89	69	4.17
2013.02	195	4.00	337	4.16	70	3.75
2013.03	98	3.32	767	3.41	38	3.87
2013.04	345	3.32	588	3.66	53	3.52
2013.05	67	3.34	748	3.88	69	3.57
2013.06	32	7.13	161	6.79	57	6.44
2013.07	101	4.58	352	5.23	52	5.07
2013.08	97	4.83	255	4.67	55	5.27
2013.09	473	4.57	447	5.18	83	5.41
2013.10	92	5.04	440	5.26	116	5.05
2013.11	34	6.01	390	5.75	159	5.68
2013.12	204	5.51	352	5.82	212	6.18
2014.01	221	6.38	462	6.07	170	6.72
2014.02	51	4.97	220	5.15	114	5.27
2014.03	58	3.57	394	4.04	102	4.26
2014.04	21	4.33	675	3.90	143	4.10
2014.05	106	3.47	464	3.77	52	4.41
2014.06	63	4.51	307	4.53	26	4.47
2014.07	59	4.30	414	4.38	142	4.05
2014.08	21	4.26	247	3.90	81	3.68
2014.09	111	4.24	246	4.15	112	3.77
2014.10	87	3.66	470	3.89	81	3.64
2014.11	43	4.69	451	4.01	64	4.11
2014.12	57	5.64	314	5.80	150	5.15
2015.01	17	5.02	135	4.95	149	4.96
2015.02	169	5.52	262	5.43	143	5.47
2015.03	116	5.17	377	5.22	60	5.18
2015.04	45	4.24	262	4.19	91	5.02
2015.05	79	2.61	247	2.80	40	2.90
2015.06	139	3.16	415	3.25	47	3.71
2015.07	121	3.14	311	3.26	80	3.82
2015.08	71	2.84	253	2.83	50	3.04
2015.09	76	3.08	364	3.14	111	3.20
2015.10	105	2.85	225	3.20	22	3.11
2015.11	234	2.84	488	2.73	160	2.81
2015.12	197	3.60	902	2.90	51	3.26

4.1 2 全国银行间同业拆借交易统计表
Statistics of Interbank Lending

单位：亿元
Unit: 100 Million Yuan

	3个月 3-month		4个月 4-month		6个月 6-month	
	交易量 Trading Volume	加权平均利率(%) Weighted Average Interest Rate(%)	交易量 Trading Volume	加权平均利率(%) Weighted Average Interest Rate(%)	交易量 Trading Volume	加权平均利率(%) Weighted Average Interest Rate(%)
2008	666		185		292	
2009	710		62		97	
2010	1340		198		185	
2011	1674		351		601	
2012	1170		81		379	
2013.01	222	4.11	17	3.86	41	4.16
2013.02	34	4.03	11	4.48	1	4.40
2013.03	112	4.24	1	3.88	2	4.30
2013.04	116	3.88	2	4.20	5	4.01
2013.05	53	4.26	2	4.03	0	—
2013.06	86	5.92	3	5.00	23	5.91
2013.07	152	5.08	3	4.43	6	5.01
2013.08	84	5.24	2	5.80	14	4.98
2013.09	125	5.46	6	4.57	—	—
2013.10	225	5.32	4	4.30	7	5.78
2013.11	335	6.45	2	4.63	8	5.25
2013.12	205	6.10	15	5.35	12	7.00
2014.01	103	6.14	5	6.95	6	5.47
2014.02	194	5.84	10	5.70	11	6.32
2014.03	198	5.35	9	5.42	7	5.52
2014.04	199	5.20	5	4.75	4	5.08
2014.05	95	4.74	1	4.55	10	5.11
2014.06	89	4.98	2	5.06	1	5.06
2014.07	107	4.89	0	0.00	3	4.83
2014.08	118	4.75	3	4.60	3	4.63
2014.09	138	4.90	11	4.79	9	4.87
2014.10	117	4.69	0	4.35	4	4.50
2014.11	159	4.79	11	4.60	21	4.56
2014.12	153	5.13	3	5.58	20	5.08
2015.01	160	5.12	12	4.53	15	4.95
2015.02	111	5.39	12	5.49	6	5.05
2015.03	148	5.26	7	5.26	10	5.11
2015.04	127	4.75	14	4.93	17	4.81
2015.05	146	3.61	9	3.46	17	3.45
2015.06	108	3.69	7	3.82	5	3.45
2015.07	638	4.18	7	3.56	28	3.65
2015.08	105	3.64	6	3.25	6	3.47
2015.09	145	3.50	2	3.50	7	3.85
2015.10	95	3.86	9	3.44	7	3.82
2015.11	138	3.44	14	3.28	14	3.35
2015.12	524	3.18	22	3.36	15	3.50

4.1 2 全国银行间同业拆借交易统计表
Statistics of Interbank Lending

单位：亿元
Unit: 100 Million Yuan

	9个月 9-month		1年 1-year		交易量合计	加权平均利率(%)
	交易量 Trading Volume	加权平均利率(%) Weighted Average Interest Rate(%)	交易量 Trading Volume	加权平均利率(%) Weighted Average Interest Rate(%)	Trading Volume	Weighted Average Interest Rate(%)
2008	213		185		150492	
2009	13		23		193505	
2010	30		10		278684	
2011	39		54		334412	
2012	29		97		467044	
2013.01	0	—	9	4.48	38344	2.27
2013.02	0	—	6	4.42	27906	2.77
2013.03	0	—	3	4.33	36606	2.47
2013.04	0	—	1	4.00	42918	2.50
2013.05	0	—	1	4.33	44379	2.92
2013.06	0	—	11	3.97	15626	6.58
2013.07	0	4.80	8	5.23	24015	3.54
2013.08	0	—	15	5.49	24698	3.44
2013.09	2	5.09	18	5.51	29328	3.47
2013.10	0	—	10	5.72	22243	3.83
2013.11	0	—	0	—	26799	4.12
2013.12	0	—	2	6.47	22328	4.16
2014.01	0	—	2	6.24	22949	3.86
2014.02	0	—	21	6.66	17195	3.01
2014.03	8	5.64	6	6.20	31217	2.49
2014.04	0	—	12	5.87	30742	2.72
2014.05	8	5.17	12	5.46	39446	2.56
2014.06	5	5.00	13	4.20	36270	2.85
2014.07	0	—	26	5.13	32987	3.41
2014.08	0	—	1	5.70	27576	3.17
2014.09	0	—	3	4.84	36700	2.97
2014.10	0	0.00	25	4.75	39080	2.69
2014.11	1	4.95	29	4.24	33498	2.82
2014.12	1	5.50	15	4.79	28966	3.49
2015.01	3	4.87	35	4.72	26362	3.18
2015.02	2	4.95	48	5.19	19767	3.64
2015.03	0	—	3	5.26	36448	3.69
2015.04	0	4.80	33	4.54	43445	2.49
2015.05	1	4.10	13	4.57	57993	1.42
2015.06	6	3.95	4	4.50	60776	1.44
2015.07	2	3.78	1	3.61	66751	1.51
2015.08	1	3.80	1	3.85	60181	1.79
2015.09	—	—	5	3.46	50224	2.05
2015.10	—	—	18	3.77	54116	1.99
2015.11	1	3.26	302	3.36	86790	1.90
2015.12	2	3.54	90	3.29	79281	1.97

4.2 1 全国银行间质押式回购交易统计表
Statistics of Interbank Pledged Repo

单位：亿元
Unit: 100 Million Yuan

	1天 1-day		7天 7-day		14天 14-day	
	交易量 Trading Volume	加权平均利率(%) Weighted Average Interest Rate(%)	交易量 Trading Volume	加权平均利率(%) Weighted Average Interest Rate(%)	交易量 Trading Volume	加权平均利率(%) Weighted Average Interest Rate(%)
2008	360051		150263		36413	
2009	526452		104013		32745	
2010	676983		120619		29016	
2011	728667		157023		43834	
2012	1109323		172165		47390	
2013.01	115470	2.09	12420	3.09	3340	3.04
2013.02	78500	2.68	9366	3.46	6944	3.87
2013.03	109238	2.29	15329	3.15	4260	3.36
2013.04	119262	2.37	15178	3.35	4286	3.72
2013.05	118167	2.87	15101	3.65	3518	3.72
2013.06	86198	6.72	20223	7.02	7367	6.90
2013.07	93484	3.36	18285	4.18	6205	4.42
2013.08	96834	3.23	17372	4.07	4132	4.74
2013.09	89685	3.17	13421	3.76	9419	4.74
2013.10	83391	3.63	16272	4.35	5422	4.46
2013.11	108396	3.92	19986	4.52	3977	5.29
2013.12	103108	3.84	23668	5.26	5916	5.80
2014.01	83561	3.41	17244	4.71	7561	5.97
2014.02	76900	2.59	11263	4.30	4088	4.55
2014.03	130716	2.25	17239	3.39	4997	3.44
2014.04	134817	2.46	19795	3.58	5092	3.94
2014.05	150891	2.41	16070	3.23	4684	3.39
2014.06	152398	2.70	24116	3.40	5814	4.12
2014.07	152221	3.23	32401	3.83	8854	4.49
2014.08	144248	2.95	30644	3.48	10686	3.82
2014.09	161429	2.78	25842	3.27	13605	3.49
2014.10	167028	2.51	29220	3.08	5983	3.53
2014.11	155200	2.57	36855	3.24	9593	3.79
2014.12	159671	3.02	39724	4.31	15103	5.18
2015.01	164935	2.78	36426	3.99	7628	4.92
2015.02	109735	3.05	30336	4.65	16514	4.90
2015.03	197047	3.33	35688	4.49	14639	4.72
2015.04	241346	2.23	30044	2.94	11097	3.57
2015.05	307682	1.19	29354	2.12	6174	2.51
2015.06	326701	1.16	46329	2.52	11248	3.18
2015.07	387083	1.29	35396	2.58	5493	2.97
2015.08	324980	1.68	36705	2.48	6457	2.79
2015.09	324287	1.90	44800	2.41	14952	2.79
2015.10	354832	1.87	35249	2.43	4512	2.72
2015.11	469918	1.79	39977	2.37	5378	2.69
2015.12	492349	1.84	61237	2.45	10269	3.08

4.2 1 全国银行间质押式回购交易统计表
Statistics of Interbank Pledged Repo

单位：亿元
Unit: 100 Million Yuan

	21天 21-day		1个月 1-month		2个月 2-month	
	交易量 Trading Volume	加权平均利率(%) Weighted Average Interest Rate(%)	交易量 Trading Volume	加权平均利率(%) Weighted Average Interest Rate(%)	交易量 Trading Volume	加权平均利率(%) Weighted Average Interest Rate(%)
2008	7173		7350		1086	
2009	6566		4200		1015	
2010	5331		8735		2852	
2011	11335		13804		5133	
2012	9913		13155		8120	
2013.01	627	3.87	1017	3.94	466	3.99
2013.02	1763	3.78	490	4.02	696	4.16
2013.03	1191	3.31	1794	3.39	335	3.68
2013.04	1121	3.79	1619	3.77	441	3.48
2013.05	1028	3.68	3180	3.93	645	3.69
2013.06	911	7.03	2271	7.81	1094	7.79
2013.07	872	4.74	2552	5.34	326	5.44
2013.08	1108	4.84	2120	4.77	537	5.14
2013.09	2533	5.05	3494	5.31	900	5.10
2013.10	1047	5.63	2014	5.47	697	5.58
2013.11	849	5.90	2204	6.07	629	6.02
2013.12	1212	6.08	1992	6.41	1498	6.26
2014.01	2350	6.43	2948	6.93	796	6.86
2014.02	912	5.20	666	5.03	1442	5.21
2014.03	1400	3.85	1730	4.36	461	4.68
2014.04	1019	4.12	1324	4.27	348	4.37
2014.05	1154	3.55	1389	3.83	1365	4.27
2014.06	1280	4.44	2390	4.48	294	5.03
2014.07	983	4.61	2118	4.59	286	4.63
2014.08	659	4.40	1353	4.27	242	4.56
2014.09	1444	4.30	3612	4.18	462	4.82
2014.10	602	3.80	1153	3.97	120	4.18
2014.11	1354	4.81	1372	4.29	404	4.40
2014.12	2895	5.72	2843	5.93	502	6.13
2015.01	463	5.17	1554	4.89	658	5.17
2015.02	2404	5.49	1449	5.51	985	5.62
2015.03	1482	5.40	1890	5.21	328	5.40
2015.04	542	4.16	1009	4.19	100	4.38
2015.05	238	2.80	730	2.77	555	3.18
2015.06	1119	3.74	2267	3.36	439	3.65
2015.07	373	3.15	1166	3.10	134	3.26
2015.08	612	2.93	1922	2.73	353	2.90
2015.09	2121	3.16	2110	3.11	416	3.17
2015.10	330	2.83	599	2.99	138	3.06
2015.11	409	2.85	810	2.71	481	3.04
2015.12	1242	3.49	3155	3.16	785	3.48

4.2 2 全国银行间质押式回购交易统计表
Statistics of Interbank Pledged Repo

单位：亿元
Unit: 100 Million Yuan

	3个月 3-month		4个月 4-month		6个月 6-month	
	交易量 Trading Volume	加权平均利率(%) Weighted Average Interest Rate(%)	交易量 Trading Volume	加权平均利率(%) Weighted Average Interest Rate(%)	交易量 Trading Volume	加权平均利率(%) Weighted Average Interest Rate(%)
2008	1046		133		155	
2009	1360		284		181	
2010	1913		392		550	
2011	4513		1028		1052	
2012	4421		612		804	
2013.01	1077	3.77	28	3.84	66	3.81
2013.02	527	3.71	148	4.01	84	3.83
2013.03	410	3.52	62	3.78	52	4.03
2013.04	235	3.63	1	4.03	42	3.95
2013.05	175	3.84	39	3.95	30	4.53
2013.06	918	6.65	50	6.68	191	7.24
2013.07	435	5.09	17	4.88	74	5.01
2013.08	266	5.40	29	5.34	22	5.34
2013.09	450	5.58	33	5.35	72	5.66
2013.10	911	5.14	9	5.39	163	5.60
2013.11	716	6.43	87	5.86	65	6.34
2013.12	947	6.96	110	6.34	187	6.62
2014.01	956	6.76	46	6.17	83	6.63
2014.02	1139	5.14	62	5.34	147	6.00
2014.03	701	4.84	214	5.00	81	5.51
2014.04	983	4.64	27	5.10	51	5.23
2014.05	1359	4.50	144	4.65	65	4.83
2014.06	649	4.59	122	4.74	68	4.79
2014.07	461	4.57	138	4.63	134	4.68
2014.08	935	4.47	20	4.64	135	4.61
2014.09	532	4.44	197	4.55	215	4.69
2014.10	718	4.26	15	4.47	172	4.60
2014.11	600	4.22	120	4.47	105	4.50
2014.12	823	5.22	110	5.43	208	5.16
2015.01	794	4.98	25	5.19	53	5.08
2015.02	318	5.41	179	5.30	198	5.23
2015.03	330	5.18	88	5.13	133	5.28
2015.04	934	4.10	132	4.65	56	4.60
2015.05	894	3.11	30	3.68	85	3.39
2015.06	1188	3.35	80	3.67	44	3.70
2015.07	810	3.21	35	3.36	19	3.54
2015.08	510	3.05	37	3.21	36	3.65
2015.09	661	3.16	39	3.41	64	3.66
2015.10	311	3.19	23	3.19	4	3.79
2015.11	356	3.06	50	3.10	10	3.53
2015.12	3087	2.97	50	3.36	146	3.22

4.2 2 全国银行间质押式回购交易统计表
Statistics of Interbank Pledged Repo

单位：亿元
Unit: 100 Million Yuan

	9个月 9-month		1年 1-year		交易量合计 Trading Volume	加权平均利率(%) Weighted Average Interest Rate(%)
	交易量 Trading Volume	加权平均利率(%) Weighted Average Interest Rate(%)	交易量 Trading Volume	加权平均利率(%) Weighted Average Interest Rate(%)		
2008	77		82		563830	
2009	31		160		677007	
2010	84		58		846533	
2011	36		225		966650	
2012	89		182		1366174	
2013.01	4	3.77	0	—	134516	2.25
2013.02	0	—	9	4.00	98527	2.89
2013.03	4	4.20	37	4.44	132712	2.46
2013.04	0	0.00	89	4.19	142275	2.55
2013.05	10	3.79	0	—	141894	3.01
2013.06	49	7.08	15	6.10	119287	6.82
2013.07	3	5.21	99	5.04	122351	3.60
2013.08	16	5.49	58	5.42	122492	3.45
2013.09	112	5.57	0	5.80	120119	3.49
2013.10	2	5.45	6	5.97	109934	3.86
2013.11	23	5.04	45	5.94	136976	4.12
2013.12	11	6.26	26	6.24	138674	4.28
2014.01	11	6.70	25	6.32	115581	3.98
2014.02	0	6.04	10	6.46	96628	2.99
2014.03	0	5.60	35	4.68	157575	2.48
2014.04	28	5.47	18	5.56	163502	2.69
2014.05	1	5.60	84	4.48	177204	2.56
2014.06	5	4.90	54	4.91	187190	2.89
2014.07	40	4.85	2	4.82	197639	3.41
2014.08	8	4.86	35	4.97	188966	3.11
2014.09	5	4.85	23	4.88	207365	2.93
2014.10	10	4.72	14	4.68	205034	2.64
2014.11	2	4.61	—	—	205604	2.79
2014.12	13	5.18	12	5.32	221903	3.49
2015.01	1	5.00	2	5.20	212539	3.10
2015.02	20	4.98	22	5.05	162161	3.62
2015.03	5	5.09	35	4.56	251663	3.61
2015.04	21	4.85	4	4.40	285285	2.37
2015.05	1	3.70	5	3.50	345749	1.30
2015.06	1	3.40	—	—	389417	1.41
2015.07	3	5.00	2	4.23	430515	1.43
2015.08	2	3.55	3	4.20	371619	1.79
2015.09	6	3.78	—	—	389456	2.01
2015.10	—	—	—	—	395998	1.94
2015.11	1	3.80	—	—	517390	1.85
2015.12	1	3.68	—	—	572319	1.95

4.3 国内各类债券发行统计表
Statistics of Debt Securities Issue

单位：亿元
Unit: 100 Million Yuan

	国债 Government Securities	中央银行票据 Central Bank Bills	金融债券 Financial Bonds	公司信用类债券 Corporate Debenture Bonds	各类债券合计 Total
2011	17100	14140	23491	23548	78280
2012	16154	0	26202	37365	79722
2013.01	1120	0	1486	2878	5484
2013.02	780	0	1921	2321	5022
2013.03	733	0	2982	5418	9133
2013.04	2231	0	2484	3936	8651
2013.05	2310	920	2187	3744	9161
2013.06	1537	220	1677	1794	5228
2013.07	2281	1838	3040	2522	9681
2013.08	2585	1270	2014	2722	8591
2013.09	2062	900	2256	3408	8626
2013.10	2346	114	2426	3182	8068
2013.11	1280	100	2192	2863	6435
2013.12	965	0	1645	1995	4605
2014.01	540	0	2026	1635	4201
2014.02	560	0	2259	3153	5972
2014.03	1040	0	4337	5658	11035
2014.04	2157	0	3290	6374	11821
2014.05	1836	0	3493	5472	10801
2014.06	2587	0	2837	4577	10001
2014.07	2787	0	3104	3414	9305
2014.08	2804	0	4172	4347	11323
2014.09	2274	0	2862	4900	10036
2014.10	1997	0	2889	4291	9177
2014.11	1681	0	1866	4537	8084
2014.12	1484	0	3417	3157	8058
2015.01	600	0	5520	3379	9499
2015.02	400	0	4040	2467	6907
2015.03	1099	0	7570	5690	14360
2015.04	2384	0	9068	5528	16980
2015.05	3626	0	7558	5227	16411
2015.06	9118	0	7199	5096	21413
2015.07	7827	0	12914	5247	25988
2015.08	6748	0	7287	6690	20726
2015.09	7868	0	10576	6791	25235
2015.10	6927	0	8093	6365	21400
2015.11	10110	0	9118	7532	26780
2015.12	2702	0	13150	7222	23104

注：公司信用类债券包括非金融企业债务融资工具、企业债券以及公司债、可转债等。自2015年起，金融债券数据中包含同业存单数据。
Note: Corporate debenture bonds include non-financial enterprise financing instruments, enterprise bonds, corporate bonds, convertible bonds, etc.. NCDs have been included in financial bonds since 2015.

4.4 国内各类债券余额统计表
Statistics of Debt Securities Outstanding

单位：亿元
Unit: 100 Million Yuan

	国债 Government Securities	中央银行票据 Central Bank Bills	金融债券 Financial Bonds	公司信用类债券 Corporate Debenture Bonds	国际机构债券 International Institution Bonds	各类债券合计 Total
2011	75832	21230	75748	49095	40	221945
2012	82522	13380	93362	77710	40	267013
2013.01	84253	13380	94466	77196	40	269336
2013.02	84026	13380	95180	78554	40	271180
2013.03	84262	13380	97779	82801	40	278262
2013.04	85668	12330	99055	84540	40	281632
2013.05	87161	10950	99126	86914	40	284191
2013.06	88092	8090	100344	87369	40	283934
2013.07	89697	7258	101189	87707	40	285890
2013.08	91278	5948	102522	89136	40	288923
2013.09	92601	5578	102900	90434	40	291554
2013.10	94216	5472	103944	91188	40	294859
2013.11	94878	5462	105111	92902	31	298385
2013.12	95471	5462	105772	93242	31	299977
2014.01	95235	5462	107617	92473	31	300818
2014.02	95200	5462	109479	93112	31	303285
2014.03	95162	5462	112502	95899	31	309056
2014.04	95940	5462	113646	99330	31	314410
2014.05	97134	5062	115564	102306	31	320097
2014.06	98361	4832	116505	106075	31	325805
2014.07	100966	4632	117054	107550	31	330233
2014.08	102300	4622	119641	109513	31	336107
2014.09	104151	4622	121112	112117	31	342033
2014.10	105253	4222	122039	116078	31	347623
2014.11	106380	4222	124170	115290	31	350094
2014.12	107275	4222	125489	116214	31	353231
2015.01	104163	4222	134301	117686	51	360423
2015.02	106664	4222	135822	118303	51	365062
2015.03	105629	4222	139578	120548	46	370023
2015.04	106439	4222	143249	121563	76	375549
2015.05	109446	4222	148004	123140	76	384888
2015.06	117398	4222	152248	124977	76	398922
2015.07	124536	4222	161463	126961	76	417259
2015.08	129433	4222	167076	130012	76	430819
2015.09	137283	4222	172361	133449	96	447411
2015.10	141918	4222	173761	137369	90	457360
2015.11	150912	4222	176912	139813	95	471955
2015.12	154524	4222	184596	144329	125	487796

注：含在境内发行的美元债券，公司信用类债券包括非金融企业债务融资工具、企业债券以及公司债、可转债等。自2015年起，金融债券数据中包含同业存单数据。

Note: Include the dollar bonds issued in the territory.Corporate debenture bonds include non-financial enterprise financing instruments, enterprise bonds, corporate bonds, convertible bonds, etc.. NCDs have been included in financial bonds since 2015.

4.5 人民币汇率统计表

Statistics of Exchange Rate

汇率单位：单位外币／元人民币

Unit: USD, HKD, 100JPY and EURO/RMB

	美元 USD		港元 HKD	
	平均汇率（美元／人民币）Average Exchange Rate (USD/RMB)	期末汇率（美元／人民币）End-of-Period Exchange Rate (USD/RMB)	平均汇率（港元／人民币）Average Exchange Rate (HKD/RMB)	期末汇率（港元／人民币）End-of-Period Exchange Rate (HKD/RMB)
2008		6.8346		0.88190
2009		6.8282		0.88050
2010		6.6227		0.85090
2011		6.3009		0.81070
2012	6.2900	6.2855	0.81117	0.81085
2013.01	6.2787	6.2795	0.80982	0.80941
2013.02	6.2842	6.2779	0.81029	0.80934
2013.03	6.2743	6.2689	0.80864	0.80757
2013.04	6.2471	6.2208	0.80471	0.80119
2013.05	6.1970	6.1796	0.79841	0.79599
2013.06	6.1718	6.1787	0.79533	0.79655
2013.07	6.1725	6.1788	0.79578	0.79672
2013.08	6.1708	6.1709	0.79566	0.79569
2013.09	6.1588	6.1480	0.79423	0.79287
2013.10	6.1393	6.1425	0.79178	0.79226
2013.11	6.1372	6.1325	0.79165	0.79103
2013.12	6.1160	6.0969	0.78878	0.78623
2014.01	6.1043	6.1050	0.78694	0.78625
2014.02	6.1128	6.1214	0.78801	0.78878
2014.03	6.1358	6.1521	0.79054	0.79305
2014.04	6.1553	6.1580	0.79378	0.79425
2014.05	6.1636	6.1695	0.79505	0.79578
2014.06	6.1557	6.1528	0.79410	0.79375
2014.07	6.1569	6.1675	0.79440	0.79581
2014.08	6.1606	6.1647	0.79487	0.79543
2014.09	6.1528	6.1525	0.79371	0.79246
2014.10	6.1461	6.1441	0.79252	0.79209
2014.11	6.1432	6.1345	0.79223	0.79126
2014.12	6.1238	6.119	0.78967	0.78887
2015.01	6.1272	6.1370	0.79028	0.79165
2015.02	6.1339	6.1475	0.79102	0.79265
2015.03	6.1507	6.1422	0.79280	0.79209
2015.04	6.1302	6.1137	0.79088	0.78881
2015.05	6.1143	6.1196	0.78869	0.78927
2015.06	6.1161	6.1136	0.78890	0.78861
2015.07	6.1167	6.1172	0.78908	0.78908
2015.08	6.3056	6.3893	0.81330	0.82440
2015.09	6.3691	6.3613	0.82180	0.82080
2015.10	6.3486	6.3495	0.81920	0.81930
2015.11	6.3666	6.3962	0.82144	0.82530
2015.12	6.4476	6.4936	0.83190	0.83780

注：本表汇率为中国外汇交易中心对外公布的人民币汇率中间价。

Note: The exchange rate is the CNY Central Parity Rate released by the China Foreign Exchange Trade System.

4.5 人民币汇率统计表
Statistics of Exchange Rate

汇率单位：单位外币／元人民币
Unit: USD、HKD、100JPY and EURO/RMB

	日元 JPY		欧元 EURO	
	平均汇率 (100日元／人民币) Average Exchange Rate (100JPY/RMB)	期末汇率 (100日元／人民币) End-of-Period Exchange Rate (100JPY/RMB)	平均汇率 (欧元／人民币) Average Exchange Rate (EURO/RMB)	期末汇率 (欧元／人民币) End-of-Period Exchange Rate (EURO/RMB)
2008		7.5650		9.6590
2009		7.3782		9.7971
2010		8.1260		8.8065
2011		8.1103		8.1625
2012	7.4973	7.3049	8.2463	8.3176
2013.01	7.0278	6.8802	8.3466	8.5197
2013.02	6.7348	6.7884	8.3911	8.2551
2013.03	6.6062	6.6486	8.1326	8.0383
2013.04	6.3673	6.2675	8.1325	8.0917
2013.05	6.1261	6.0997	8.0402	8.0622
2013.06	6.3292	6.2607	8.1382	8.0536
2013.07	6.1831	6.2956	8.0758	8.1925
2013.08	6.2977	6.2645	8.2204	8.1693
2013.09	6.1972	6.2793	8.2087	8.2983
2013.10	6.2606	6.2332	8.3824	8.4333
2013.11	6.1333	5.9844	8.2808	8.3417
2013.12	5.8995	5.7771	8.3757	8.4189
2014.01	5.8544	5.9625	8.3179	8.3388
2014.02	5.9641	6.0022	8.3675	8.3897
2014.03	6.0057	5.9920	8.4826	8.4607
2014.04	6.0202	6.0235	8.5001	8.5033
2014.05	6.0726	6.0903	8.4637	8.3921
2014.06	6.0467	6.0815	8.3687	8.3946
2014.07	6.0652	6.0012	8.3425	8.2623
2014.08	5.985	5.9396	8.2062	8.1260
2014.09	5.7381	5.6242	7.9466	7.8049
2014.10	5.6162	5.7079	7.7377	7.7992
2014.11	5.2882	5.1937	7.6599	7.6408
2014.12	5.1436	5.1371	7.5621	7.4556
2015.01	5.1975	5.2100	7.1357	6.9678
2015.02	5.2033	5.1839	6.9877	6.9256
2015.03	5.1284	5.1272	6.6871	6.6648
2015.04	5.1429	5.1522	6.6261	6.8082
2015.05	5.0832	4.9619	6.8394	6.7189
2015.06	4.9580	5.0052	6.8711	6.8699
2015.07	4.9793	4.9487	6.7459	6.7078
2015.08	5.1213	5.2718	7.0193	7.1793
2015.09	5.3008	5.3043	7.1624	7.1608
2015.10	5.2887	5.2493	7.1330	6.9771
2015.11	5.1995	5.2107	6.8439	6.7673
2015.12	5.2981	5.3875	7.0162	7.0952

注：本表汇率为中国外汇交易中心对外公布的人民币汇率中间价。
Note: The exchange rate is the CNY Central Parity Rate released by the China Foreign Exchange Trade System.

4.6 国内股票市场统计表
Statistics of Stock Market

	股票筹资额（亿元）Equity Financing (100 Million Yuan)	成交金额（亿元）Turnover of Trading (100 Million Yuan)	期末总股本（亿股）Volume Issued at End of Period (100 Million Shares)	期末市价总值（亿元）Total Market Capitalization at End of Period (100 Million Yuan)	期末上市公司数（家）Number of listed company at End of Period	期末收盘指数(Index) 上证综合指数 Shanghai Stock Exchange Composite Index	期末收盘指数(Index) 深证成分指数 Shenzhen Stock Exchange Componet Index
2008	3638	267113	18852	121366	1604	1821	6486
2009	6084	535987	20567	243939	1718	3277	13700
2010	12038	647184	26984	265423	2063	2808	12459
2011	5846	421645	29745	214758	2342	2199	8919
2012	4131	314583	31834	230358	2494	2269	9116
2013.01	481	43202	31943	243908	2494	2385	9668
2013.02	362	30272	31980	245516	2493	2366	9641
2013.03	241	38696	32055	233685	2492	2237	8890
2013.04	274	25740	32215	228642	2491	2178	8691
2013.05	449	45018	32588	247755	2491	2301	9258
2013.06	157	28493	33106	212813	2491	1979	7694
2013.07	128	41503	33342	218532	2490	1994	7765
2013.08	136	45161	33414	230192	2489	2098	8202
2013.09	461	46883	33489	241276	2489	2175	8515
2013.10	116	43455	33568	236195	2489	2142	8444
2013.11	262	40095	33621	247685	2488	2221	8543
2013.12	800	39553	33822	239077	2489	2116	8122
2014.01	667	35787	34086	237826	2532	2033	7573
2014.02	221	43897	34118	241683	2537	2056	7366
2014.03	456	42219	34223	236625	2537	2033	7190
2014.04	619	34869	34707	236276	2537	2026	7313
2014.05	383	27517	35117	239724	2537	2039	7365
2014.06	219	32305	35483	244130	2540	2048	7343
2014.07	372	53316	35739	261989	2549	2202	7957
2014.08	268	60806	35859	268702	2558	2217	7842
2014.09	622	76525	36239	293548	2569	2364	8080
2014.10	727	65105	36392	300487	2584	2420	8226
2014.11	406	88902	36488	327827	2592	2683	9002
2014.12	2100	181138	36795	372547	2613	3235	11015
2015.01	530	127670	37262	385425	2635	3210	11151
2015.02	589	75973	37531	407593	2656	3310	11758
2015.03	850	208514	37865	477018	2683	3748	13161
2015.04	875	300637	38409	563491	2713	4442	14819
2015.05	1009	312076	39134	627465	2754	4612	16100
2015.06	2141	366613	40503	584574	2797	4277	14338
2015.07	909	281441	41031	504846	2800	3664	12374
2015.08	500	205193	41191	438027	2800	3206	10549
2015.09	542	116118	41889	419528	2800	3053	9988
2015.10	553	150642	42193	476622	2800	3383	11546
2015.11	676	223272	42542	503636	2799	3445	12038
2015.12	2147	182388	43015	531304	2827	3539	12665

5.1 中央银行基准利率
Benchmark Interest Rates of Central Bank

单位:%(年利率)
Unit: % p.a.

项目/日期	Items/Date	2001.09.11	2002.02.21	2003.12.21	2004.03.25	2005.03.17	2008.01.01	2008.11.27	2008.12.23	2010.12.26
准备金账户*	Reserve Account*	2.07	1.89							
法定准备金	Reserve Requirements			1.89	1.89	1.89	1.89	1.62	1.62	1.62
超额储备	Excess Reserves			1.62	1.62	0.99	0.99	0.72	0.72	0.72
对金融机构贷款	Loans to Financial Institution									
20天以内	Less than 20 days	3.24	2.70	2.70	3.33	3.33	4.14	3.06	2.79	3.25
3个月以内	3 months or less	3.51	2.97	2.97	3.60	3.60	4.41	3.33	3.06	3.55
6个月以内	6 months or less	3.69	3.15	3.15	3.78	3.78	4.59	3.51	3.24	3.75
1年	1 year	3.78	3.24	3.24	3.87	3.87	4.68	3.60	3.33	3.85
再贴现	Rediscount	2.97	2.97	2.97	3.24	3.24	4.32	2.97	1.80	2.25

* 2003年12月准备金账户分为法定准备金和超额储备两个账户。

* As of December 2003, Reserve Account was divided into Reserve Requirements and Excess Reserves.

5.2 金融机构：人民币法定存款基准利率
Financial Institutions: Official Benchmark Rates of RMB Deposits

单位：%（年利率）
Unit: % p.a.

项目／日期	Items/Date	2012.07.06	2014.11.22	2015.03.01	2015.05.11	2015.06.28	2015.08.26	2015.10.24
活期	Demand	0.35	0.35	0.35	0.35	0.35	0.35	0.35
定期	Time							
3个月	3 months	2.60	2.35	2.10	1.85	1.60	1.35	1.10
6个月	6 months	2.80	2.55	2.30	2.05	1.80	1.55	1.30
1年	1 year	3.00	2.75	2.50	2.25	2.00	1.75	1.50
2年	2 years	3.75	3.35	3.10	2.85	2.60	2.35	2.10
3年	3 years	4.25	4.00	3.75	3.50	3.25	3.00	2.75
5年	5 years	4.75	4.00	—	—	—	—	—

5.3 金融机构：人民币法定贷款基准利率
Financial Institutions: Official Benchmark Rates of RMB Loans

单位：%（年利率）
Unit: % p.a.

项目／日期	Items/Date	2012.07.06	2014.11.22	2015.03.01	2015.05.11	2015.06.28	2015.08.26	2015.10.24
短期贷款 Short-term								
1年以内（含1年）	1 year	6.00	5.60	5.35	5.10	4.85	4.60	4.35
中长期贷款 Medium-and long-term								
1～5年（含5年）	5 years or less	6.15	6.00	5.75	5.50	5.25	5.00	4.75
5年以上	longer than 5 years	6.55	6.15	5.90	5.65	5.40	5.15	4.90

注：自2014年11月22日起，金融机构人民币贷款基准利率期限档次简并为1年以内（含1年）、1～5年（含5年）和5年以上三个档次。
Note: From November 22, 2014, the terms of official benchmark rates of RMB loans to financial institutions merged into three:within 1 year (incluing 1 year), 1~5 years(including 5 years), over 5 years.

6.1 2011年资金流量表(金融交易账户)
Flow of Funds Statement, 2011 (Financial Transactions Accounts)

部门 / 交易项目	顺序号	住户 Households		非金融企业 Non-financial Corporations		政府 General Government		金融机构 Financial Institution	
		运用 Uses	来源 Sources	运用 Uses	来源 Sources	运用 Uses	来源 Sources	运用 Uses	来源 Sour
净金融投资	1	48848		-47686		11948		124	
资金运用合计	2	78735		66790		20363		194721	
资金来源合计	3		25292		114477		13010		1945
通货	4	4961		555		123		153	6
存款	5	47690		41373		19763		5396	1134
活期存款	6	15712		5431		7485			28
定期存款	7	31440		20200		10668			623
财政存款	8					-300			-
外汇存款	9	333		4989		134		111	3
其他存款	10	206		10753		1776		5285	19
证券公司客户保证金	11	-1840		-4020		-35		-571	-6
贷款	12		25292		70378		-79	95764	
短期贷款	13		10620		27822			38442	
票据融资	14				112			112	
中长期贷款	15		14646		20993			35640	
外汇贷款	16		20		5396		-3	5586	
委托贷款	17				14154			14154	
其他贷款	18		6		1901		-77	1830	
未贴现的银行承兑汇票	19			10271	10271			10271	102
保险准备金	20	11012		931			6702		52
金融机构往来	21							2308	41
准备金	22							36154	361
证券	23	2484		-157	19397	112	6142	18758	-3
债券	24	-794		-86	13659		6142	17075	-3
国债	25	-794		-8			6142	6944	
金融债券	26			-13				16226	162
中央银行债券	27			-22				-19797	-19
企业债券	28			-44	13659			13702	
股票	29	3278		-71	5738	112		1683	-
证券投资基金份额	30	606		860		416		376	22
库存现金	31							1072	1
中央银行贷款	32							-727	-
其他(净)	33	13823		8808		-16		4139	267
直接投资	34			3211	14224				
其他对外债权债务	35			4958	2466		246	-3428	2
国际储备资产	36							25057	
国际收支错误与遗漏	37				-2259				

单位：亿元人民币
Unit: 100 Million of RMB Yuan

国内合计 All Domestic Sectors		国外 The Rest of the World		总计 Total		No.	Sectors / Items
运用 Uses	来源 Sources	运用 Uses	来源 Sources	运用 Uses	来源 Sources		
13234		-13234		0		1	Net financial investment
360609		25258		385868		2	Financial uses
	347376		38492		385868	3	Financial soures
5792	6162	370		6162	6162	4	Currency
114222	113415	2219	3026	116442	116442	5	Deposits
28628	28628			28628	28628	6	Demand deposit
62307	62307			62307	62307	7	Time deposit
-300	-300			-300	-300	8	Fiscal deposit
5568	3126	584	3026	6152	6152	9	Foreign exchange deposit
18021	19655	1635		19655	19655	10	Other deposit
-6466	-6511	-45		-6511	-6511	11	Customer margin of securities company
95764	95591	1245	1417	97009	97009	12	Loans
38442	38442			38442	38442	13	Short-term loans
112	112			112	112	14	Discounted bankers acceptance bills
35640	35640			35640	35640	15	Medium-and long-term loans
5586	5413	1245	1417	6831	6831	16	Foreign exchange loans
14154	14154			14154	14154	17	Designated loans
1830	1830			1830	1830	18	Other loans
20542	20542			20542	20542	19	Undiscounted bankers acceptance bills
11943	11943			11943	11943	20	Insurance technical reserves
2308	4188	6172	4291	8480	8480	21	Inter-financial institutions accounts
36154	36154			36154	36154	22	Required and excessive reserves
21196	21612	343	-71	21539	21540	23	Securities
16195	16195			16195	16195	24	Bonds
6142	6142			6142	6142	25	Government and public bonds
16213	16213			16213	16213	26	Financial bonds
-19818	-19818			-19818	-19818	27	Central bank bonds
13658	13659			13658	13659	28	Corporate bonds
5002	5416	343	-71	5345	5345	29	Equity
2258	2282	24		2282	2282	30	Security investment funds
1072	1042		30	1072	1072	31	Cash in vault
-727	-727			-727	-727	32	Central bank loans
26753	26753	0		26753	26753	33	Miscellaneous (net)
3211	14224	14224	3211	17435	17435	34	Foreign direct investment
1530	2965	2965	1530	4495	4495	35	Changes in other foreign assets and debts
25057			25057	25057	25057	36	Changes in reserve assets
	-2259	-2259		-2259	-2259	37	Errors and omissions in the BOP

6.2 2012年资金流量表(金融交易账户)
Flow of Funds Statement, 2012 (Financial Transactions Accounts)

部门 / 交易项目	顺序号	住户 Households		非金融企业 Non-financial Corporations		政府 General Government		金融机构 Financial Institution	
		运用 Uses	来源 Sources	运用 Uses	来源 Sources	运用 Uses	来源 Sources	运用 Uses	来源 Sour
净金融投资	1	69335		-44272		5899		-18554	
资金运用合计	2	97059		94843		22344		227219	
资金来源合计	3		27724		139116		16445		245
通货	4	3245		321		78		31	39
存款	5	58929		46968		20569		5290	129
活期存款	6	19789		6008		7684			334
定期存款	7	38830		21425		11243			714
财政存款	8					-1782			-17
外汇存款	9	109		9811		131		295	82
其他存款	10	200		9723		3293		4995	182
证券公司客户保证金	11	-408		-4		-19		-232	-6
贷款	12		27724		91609		-18	122250	
短期贷款	13		13066		33729			46795	
票据融资	14				5309			5309	
中长期贷款	15		13365		15376			28742	
外汇贷款	16		21		6427		-25	9122	
委托贷款	17				13208			13208	
其他贷款	18		1271		17559		8	19073	
未贴现的银行承兑汇票	19			10499	10499			10499	104
保险准备金	20	13628		646			7406		68
金融机构往来	21							9329	-
准备金	22							23150	23
证券	23	4493		951	24660	505	8783	38012	126
债券	24	2629		1078	22532	420	8783	36951	97
国债	25	2594		-31		-133	8783	6353	
金融债券	26			-16		20		17610	176
中央银行债券	27			-55		-52		-7743	-78
企业债券	28	35		1181	22532	585		20730	
股票	29	1864		-128	2129	85		1062	28
证券投资基金份额	30	3097		29		142		1764	51
库存现金	31							971	9
中央银行贷款	32							476	4
其他（净）	33	14076		27388		1068		9208	517
直接投资	34			3919	15932				
其他对外债权债务	35			4126	1429	0	273	403	13
国际储备资产	36							6069	
国际收支错误与遗漏	37				-5014				

单位：亿元人民币
Unit: 100 Million of RMB Yuan

国内合计 All Domestic Sectors		国外 The Rest of the World		总计 Total		No.	Sectors / Items
运用 Uses	来源 Sources	运用 Uses	来源 Sources	运用 Uses	来源 Sources		
12408		-12408		0		1	Net financial investment
441466		12539		454005		2	Financial uses
	429058		24947		454005	3	Financial soures
3675	3910	235		3910	3910	4	Currency
131756	129748	519	2527	132275	132275	5	Deposits
33482	33482			33482	33482	6	Demand deposit
71498	71498			71498	71498	7	Time deposit
-1782	-1782			-1782	-1782	8	Fiscal deposit
10346	8259	439	2527	10785	10785	9	Foreign exchange deposit
18211	18291	80		18291	18291	10	Other deposit
-663	-685	-22		-685	-685	11	Customer margin of securities company
122250	119315	-310	2624	121940	121940	12	Loans
46795	46795			46795	46795	13	Short-term loans
5309	5309			5309	5309	14	Discounted bankers acceptance bills
28742	28742			28742	28742	15	Medium-and long-term loans
9122	6423	-310	2389	8812	8812	16	Foreign exchange loans
13208	13208			13208	13208	17	Designated loans
19073	18838		235	19073	19073	18	Other loans
20998	20998			20998	20998	19	Undiscounted bankers acceptance bills
14274	14274			14274	14274	20	Insurance technical reserves
9329	-60	-4025	5363	5304	5304	21	Inter-financial institutions accounts
23150	23150			23150	23150	22	Required and excessive reserves
43961	46068	1979	-128	45940	45940	23	Securities
41078	41079			41078	41079	24	Bonds
8783	8783			8783	8783	25	Government and public bonds
17614	17614			17614	17614	26	Financial bonds
-7850	-7850			-7850	-7850	27	Central bank bonds
22531	22532			22531	22532	28	Corporate bonds
2883	4989	1979	-128	4862	4862	29	Equity
5033	5198	165		5198	5198	30	Security investment funds
971	928		43	971	971	31	Cash in vault
476	476			476	476	32	Central bank loans
51740	51780	39		51780	51780	33	Miscellaneous (net)
3919	15932	15932	3919	19851	19851	34	Foreign direct investment
4529	3040	3040	4529	7569	7569	35	Changes in other foreign assets and debts
6069			6069	6069	6069	36	Changes in reserve assets
	-5014	-5014		-5014	-5014	37	Errors and omissions in the BOP

6.3 2013年资金流量表(金融交易账户)
Flow of Funds Statement, 2013 (Financial Transactions Accounts)

部门 交易项目	顺序号	住户 Households 运用 Uses	住户 Households 来源 Sources	非金融企业 Non-financial Corporations 运用 Uses	非金融企业 Non-financial Corporations 来源 Sources	政府 General Government 运用 Uses	政府 General Government 来源 Sources	金融机构 Financial Institution 运用 Uses	金融机构 Financial Institution 来源 Sour
净金融投资	1	48913		-37421		15809		-15838	
资金运用合计	2	90763		110701		36402		250782	
资金来源合计	3		41850		148122		20593		266
通货	4	3250		321		78		31	3
存款	5	55888		59271		36597		3932	153
活期存款	6	19804		6879		8769			35
定期存款	7	35621		28110		17508			81
财政存款	8					5766			5
外汇存款	9	173		4514		64		-168	1
其他存款	10	289		19769		4489		4100	29
证券公司客户保证金	11	-85		-88		-58		-75	-3
贷款	12		41850		103757		29	148049	
短期贷款与票据融资	13		17828		26445			44273	
中长期贷款	14		22482		23378			45860	
外汇贷款	15		15		3450		-48	5764	
委托贷款	16				26164			26164	
其他贷款	17		1526		24320		77	25987	
未贴现的银行承兑汇票	18			7756	7756			7756	77
保险准备金	19	13160		841			7336		66
金融机构往来	20							5763	182
准备金	21							14302	143
证券	22	4881		5508	22340	-563	12949	27701	41
债券	23	4117		4559	18111	-1088	12949	27027	35
国债	24	3737		410		-486	12949	9288	
金融债券	25			2325		-758		9906	114
中央银行债券	26			-12		-8		-7898	-79
企业债券	27	381		1835	18111	164		15732	
股票	28	764		949	4229	525		674	5
证券投资基金份额	29	369		382		253		325	13
库存现金	30							442	4
中央银行贷款	31							413	4
其他(净)	32	13300		28318		95		12882	546
直接投资	33			4517	15926				
其他对外债权债务	34			3875	3132	0	279	2656	14
国际储备资产	35							26606	
国际收支错误与遗漏	36				-4788				

单位：亿元人民币
Unit: 100 Million of RMB Yuan

国内合计 All Domestic Sectors		国外 The Rest of the World		总计 Total		No.	Sectors / Items
运用 Uses	来源 Sources	运用 Uses	来源 Sources	运用 Uses	来源 Sources		
11463		-11463		0		1	Net financial investment
488649		28411		517060		2	Financial uses
	477185		39874		517060	3	Financial soures
3680	3915	235		3915	3915	4	Currency
155687	153562	1154	3279	156841	156841	5	Deposits
35452	35452			35452	35452	6	Demand deposit
81239	81239			81239	81239	7	Time deposit
5766	5766			5766	5766	8	Fiscal deposit
4583	1751	446	3279	5029	5029	9	Foreign exchange deposit
28647	29355	708		29355	29355	10	Other deposit
-305	-310	-5		-310	-310	11	Customer margin of securities company
148049	145637	259	2671	148308	148308	12	Loans
44273	44273			44273	44273	13	Short-term loans & discounted bankers acceptance bills
45860	45860			45860	45860	14	Medium-term and long-term loans
5764	3416	259	2607	6023	6023	15	Foreign exchange loans
26164	26164			26164	26164	16	Designated loans
25987	25923		64	25987	25987	17	Other loans
15511	15511			15511	15511	18	Undiscounted bankers acceptance bills
14001	14001			14001	14001	19	Insurance technical reserves
5763	18275	8603	-3908	14367	14367	20	Inter-financial institutions accounts
14302	14302			14302	14302	21	Required and excessive reserves
37527	39428	2058	156	39584	39584	22	Securities
34615	34615			34615	34615	23	Bonds
12949	12949			12949	12949	24	Government and public bonds
11473	11473			11473	11473	25	Financial bonds
-7918	-7918			-7918	-7918	26	Central bank bonds
18111	18111			18111	18111	27	Corporate bonds
2912	4813	2058	156	4969	4969	28	Share
1329	1352	23		1352	1352	29	Security investment fund
442	420		22	442	442	30	Cash in vault
413	413			413	413	31	Central bank loans
54595	54655	60		54655	54655	32	Miscellaneous (net)
4517	15926	15926	4517	20443	20443	33	Foreign direct investment
6531	4886	4886	6531	11417	11417	34	Changes in other foreign assets and debts
26606			26606	26606	26606	35	Changes in reserve assets
	-4788	-4788		-4788	-4788	36	Errors and omissions in the BOP

7.1 1 5000户企业主要财务指标
Major Financial Indicators of 5000 Principal Enterprises

上年同期=100 单位：%
Previous Year=100 Unit: %

	货币资金 Monetary Funds	存货 Inventories	流动资产 Current Assets	固定资产净额 Net Fixed Assets	短期借款 Short-term Borrowing
2008	17.0	15.9	13.7	9.5	19.2
2009	28.7	7.1	15.4	13.7	5.7
2010	18.6	24.6	22.4	10.4	11.3
2011	12.8	14.8	15.4	11.7	23.7
2012	-0.1	5.1	6.8	6.4	14.8
2013.01	5.9	4.9	8.1	6.0	14.9
2013.02	0.8	5.6	6.6	7.1	13.3
2013.03	0.4	5.3	6.8	7.4	12.2
2013.04	4.4	4.5	6.8	9.0	11.9
2013.05	3.9	4.4	7.2	8.7	11.1
2013.06	1.1	4.9	6.2	9.2	11.2
2013.07	2.0	4.3	6.7	9.4	11.5
2013.08	2.1	5.5	7.0	9.6	12.6
2013.09	2.8	6.3	7.1	9.5	11.1
2013.10	2.3	7.4	7.2	9.7	10.5
2013.11	3.2	8.4	8.2	9.2	10.9
2013.12	2.2	8.2	7.7	8.7	9.4
2014.01	0.1	9.3	6.9	9.0	7.9
2014.02	4.5	8.8	8.0	9.0	6.6
2014.03	6.5	7.8	8.2	9.0	6.7
2014.04	6.3	8.4	7.9	9.1	6.7
2014.05	6.0	8.2	7.8	9.0	6.7
2014.06	11.9	7.7	9.1	8.5	7.1
2014.07	11.0	8.1	8.7	8.0	5.7
2014.08	10.6	7.6	7.4	7.7	3.8
2014.09	12.4	7.2	7.1	7.6	2.0
2014.10	12.8	6.5	7.0	7.4	1.4
2014.11	10.6	4.5	5.8	7.3	0.3
2014.12	13.2	2.5	7.3	6.0	-1.0
2015.01	15.6	0.6	6.4	5.6	-0.8
2015.02	10.5	1.3	5.5	5.7	-0.5
2015.03	7.5	-0.1	4.2	4.9	-0.6
2015.04	7.9	0.0	3.5	4.7	-1.4
2015.05	10.1	0.0	4.3	1.5	-1.2
2015.06	7.8	0.5	3.9	1.8	-1.4
2015.07	9.1	0.1	4.0	1.97	0.2
2015.08	8.8	-0.7	4.0	1.83	1.6
2015.09	8.2	-2.0	3.9	1.74	3.5
2015.10	7.1	-1.9	3.5	1.7	3.6
2015.11	8.6	-1.4	3.9	1.3	4.0
2015.12	9.1	-1.3	4.3	-1.0	4.4

7.1 2 5000户企业主要财务指标
Major Financial Indicators of 5000 Principal Enterprises

上年同期=100 单位：%
Previous Year=100 Unit: %

	流动负债合计 Total Current Liabilities	长期负债合计 Total Long-term Liabilities	所有者权益合计 Owner's Equity	产品销售收入 Sales Revenue	工业总产值（现价） Industrial Output (Current Price)
2008	15.5	17.4	12.8	16.4	15.7
2009	12.9	31.9	11.2	-1.2	-3.4
2010	16.9	18.7	16.9	28.6	28.2
2011	19.1	12.4	12.3	19.3	17.3
2012	9.0	10.2	7.3	4.6	4.4
2013.01	10.2	9.5	6.8	21.0	7.4
2013.02	8.3	12.0	6.9	4.4	3.7
2013.03	8.2	11.4	7.3	3.7	1.6
2013.04	8.1	16.7	7.7	3.7	-2.4
2013.05	8.6	15.6	7.4	3.5	0.7
2013.06	7.3	14.9	8.2	1.8	0.7
2013.07	7.6	14.3	7.9	3.7	0.5
2013.08	8.3	12.8	7.7	3.6	0.1
2013.09	8.2	12.1	8.0	4.3	1.4
2013.10	8.3	12.9	7.7	4.7	2.4
2013.11	9.6	12.2	7.6	4.8	3.8
2013.12	9.1	10.3	6.7	4.7	3.3
2014.01	8.7	9.8	7.2	-2.0	-1.9
2014.02	9.5	9.9	7.3	2.0	2.8
2014.03	9.3	10.5	7.7	3.3	1.4
2014.04	10.0	7.6	7.2	3.8	2.6
2014.05	9.7	8.0	7.2	3.8	2.2
2014.06	10.5	7.7	7.5	4.7	2.2
2014.07	9.8	7.6	8.1	3.7	2.7
2014.08	8.3	6.9	7.9	3.4	3.1
2014.09	7.8	7.3	7.7	3.4	3.0
2014.10	7.5	7.4	7.5	3.8	3.2
2014.11	6.5	6.6	7.2	3.5	1.5
2014.12	6.7	7.0	7.4	2.8	-0.7
2015.01	6.4	6.0	6.8	-1.1	-3.9
2015.02	5.9	6.4	6.2	-6.0	-7.8
2015.03	4.9	5.7	5.8	-6.9	-8.3
2015.04	3.8	7.4	6.4	-7.7	-9.7
2015.05	4.1	6.6	6.5	-8.0	-8.6
2015.06	3.9	7.1	5.8	-8.0	-8.5
2015.07	4.6	6.8	4.9	-7.7	-8.8
2015.08	4.9	6.5	4.7	-7.7	-8.8
2015.09	5.3	5.9	4.5	-7.9	-9.6
2015.10	5.1	5.7	4.6	-8.5	-10.0
2015.11	5.1	6.1	4.6	-8.1	-9.1
2015.12	4.1	9.3	3.8	-7.9	-8.0

注：2015年5月调整企业财务调查指标，停用“固定资产合计”，“固定资产净额”是指固定资产合计减去累计折旧和减值准备后的净额。
Note: Since May 2015, the item of "Total Fixed Assets" has been replaced by "Net Fixed Assets", which equals nominal fixed assets, minus accumulated depreciation and allowance for impairment of fixed assets.

7.2 5000户企业主要财务分析指标

Major Financial Analytical Indicators of 5000 Principal Enterprises

上年同期=100 单位：%

Previous Year=100 Unit: %

	货币资金占用系数 Ratio of Monetary Funds to Sales	流动比率 Ratio of Liquidity	资产负债比率 Liabilities/Assets Ratio	流动资产周转率 Turn-over Ratio of Liquid Assets	工业产品销售率 Industrial Products Sales Ratio	销售成本利润率 Ratio of Profits to Sales Expenses
2008	12.5	100.6	58.9	2.0	106.4	6.6
2009	16.2	102.7	60.2	1.7	108.8	7.4
2010	15.0	107.2	60.2	1.9	109.2	8.6
2011	14.1	104.2	61.1	1.9	110.8	7.6
2012	13.4	102.1	61.5	1.8	110.9	6.1
2013.01	12.7	103.2	61.8	1.7	109.3	7.4
2013.02	14.0	103.9	61.5	1.6	111.1	6.1
2013.03	14.2	104.0	61.7	1.6	111.6	6.3
2013.04	14.3	104.5	62.0	1.6	111.9	5.8
2013.05	14.1	104.6	62.0	1.7	112.2	5.8
2013.06	13.7	103.7	61.8	1.7	111.3	5.8
2013.07	13.4	104.5	61.9	1.7	113.1	5.4
2013.08	13.6	104.4	62.0	1.7	105.1	5.7
2013.09	13.2	104.4	62.1	1.7	114.0	5.6
2013.10	13.2	104.4	62.1	1.9	114.1	5.5
2013.11	13.3	104.1	62.3	1.9	112.8	5.5
2013.12	13.1	100.9	62.1	1.9	112.6	5.4
2014.01	13.1	101.5	62.1	1.8	110.1	5.5
2014.02	14.4	102.5	62.0	1.7	110.3	4.9
2014.03	14.6	103.0	62.1	1.7	113.6	5.4
2014.04	14.6	102.5	62.4	1.7	113.5	5.1
2014.05	14.4	102.7	62.4	1.8	114.0	5.2
2014.06	14.6	103.0	62.3	1.8	114.9	5.6
2014.07	14.4	103.5	62.1	1.8	114.5	5.6
2014.08	14.3	103.6	62.0	1.8	114.1	5.5
2014.09	14.4	103.9	62.1	1.8	114.6	5.5
2014.10	14.4	104.0	62.1	1.8	114.6	5.4
2014.11	14.2	103.5	62.2	1.8	114.9	5.3
2014.12	14.5	101.5	61.9	1.8	116.5	5.2
2015.01	15.3	101.6	62.0	1.5	113.0	5.2
2015.02	16.9	102.1	61.9	1.3	112.6	4.0
2015.03	16.9	102.4	61.9	1.4	114.9	5.1
2015.04	17.0	102.4	62.0	1.4	115.9	5.1
2015.05	17.2	103.0	62.0	1.4	114.6	5.4
2015.06	17.0	102.9	62.1	1.4	115.3	5.9
2015.07	17.0	102.9	62.2	1.4	115.6	5.6
2015.08	16.8	102.7	62.2	1.4	115.2	5.3
2015.09	16.9	102.5	62.3	1.4	116.5	5.2
2015.10	16.8	102.3	62.3	1.4	116.4	5.1
2015.11	16.8	102.3	62.4	1.4	116.1	4.9
2015.12	17.1	101.7	62.3	1.5	116.6	5.0

7.3 5000户企业景气扩散指数*

Diffusion Indices of Business Survey of 5000 Principal Enterprises*

单位：%
Unit: %

	宏观经济热度指数 Macro-economy Index	企业景气指数 Business Climate Index	设备能力利用水平 Production Capacity Utilization	产成品库存水平 Inventory Level	国内订货水平 Domestic Order Level	出口产品订单 Overseas Order Level	资金周转状况 Funds Turnover	销货款回笼情况 Cash Inflow from Sales	银行贷款掌握状况 Lending Attitude of Bank	企业盈利情况 Profitability	产品销售价格水平 Price Level of Sales	原材料购进价格 Price Level of Raw Material	固定资产投资情况 Fixed Assets Investment
2008	28.4	58.5	38.5	45.1	45.8	41.8	54.3	60.5	34.8	48.7	39.8	47.6	48.4
2009	41.0	64.4	41.5	48.0	51.5	49.1	62.8	65.9	42.0	57.8	51.4	64.7	51.7
2010	52.7	71.4	43.8	50.3	57.8	52.0	67.4	71.5	39.5	61.1	61.6	79.5	55.9
2011	41.7	67.5	42.4	46.8	53.1	48.7	60.5	65.9	30.5	55.5	50.4	68.2	53.2
2012.03	39.2	64.3	40.4	45.7	50.5	46.9	60.7	65.3	33.8	51.2	50.3	67.3	50.0
2012.06	37.3	63.7	40.9	45.3	50.2	48.8	60.4	64.1	35.2	52.6	48.7	65.7	50.5
2012.09	31.4	61.1	39.7	44.0	47.4	47.5	59.5	62.8	37.6	51.4	45.1	59.3	49.6
2012.12	31.6	61.8	40.0	45.5	47.7	47.1	59.7	63.8	38.6	53.1	46.4	60.7	49.6
2013.03	35.6	62.6	39.3	45.3	48.8	46.6	60.7	64.7	39.9	52.8	49.4	63.3	47.5
2013.06	33.2	57.1	40.6	43.4	50.3	49.9	58.2	62.1	47.9	55.6	43.2	55.2	51.9
2013.09	32.5	56.3	39.8	44.1	48.2	50.1	57.4	61.0	46.5	55.1	44.4	55.8	52.2
2013.12	34.7	58.1	41.2	44.9	49.4	48.7	57.3	60.9	45.7	57.6	46.5	57.3	52.2
2014.03	33.4	55.3	39.2	44.2	44.4	45.4	56.5	61.0	44.8	50.9	44.6	56.3	48.4
2014.06	32.8	55.4	40.6	43.9	48.5	49.7	56.0	59.9	45.1	54.1	44.5	54.5	50.0
2014.09	32.2	54.9	40.6	43.4	46.9	50.0	55.6	59.6	44.5	55.0	44.5	55.3	50.6
2014.12	31.1	54.5	40.4	43.5	46.5	48.9	54.3	59.2	44.9	55.0	43.0	51.5	49.0
2015.03	29.2	52.8	39.0	44.1	42.5	46.8	54.2	59.1	45.1	51.0	41.5	49.9	46.2
2015.06	29.3	51.8	39.2	43.7	46.3	49.3	53.4	57.4	45.7	52.8	43.3	51.8	48.0
2015.09	24.5	49.4	37.2	42.8	43.3	48.1	52.5	56.5	45.7	51.1	39.1	47.3	47.4
2015.12	22.7	48.4	36.9	43.0	42.5	43.7	52.0	55.8	45.7	50.5	39.2	46.2	46.0

* 通过对企业经营者进行问卷调查，得出对问题回答的三种结果，即上升、持平、下降各占总数的比重，然后利用上升的比重减去下降的比重，用其差额来反映景气状况的水平和趋势。

* Diffusion Index on Business Survey: based on the questionnaire sent to enterprise managers, proportions are calculated for the positive, unchanged and negative answers respectively.The diffusion index and its trend are reflected in the difference of the shares between the positive and negative answers.

注：2013年二季度对问卷内容进行了重新修订，本表中发布的数据也相应调整。具体为：（1）停止发布“能源供应状况”、“原材料供应状况”、“产品销售情况”以及“设备投资情况”；（2）新增发布“宏观经济热度指数”和“原材料购进价格指数”；（3）修改“产成品库存水平指数”计算方法，新指数=100−原指数，本表中已对2013年二季度以前公布的历史数据进行调整。

Note: The questionnaire for PBC Entrepreneurs Survey was revised and certain adjustments were made to the table as of 2013 Q2, including: (1) Indices of Energy Supply, Raw Material Supply, Products Sales and Equipment Investment were not compiled; (2) Indices of Macro-economy and Price Level of Raw Materials were added; (3) Compilation method was adjusted for Inventory Level Index, while the new index equals 100 minus the original index. All the historical data in the table was re-calculated accordingly.

8.1 主要物价指数 Major Price Indices

以上年同月为100
Previous Corresponding Month=100

	零售物价指数 Retail Price Index	居民消费价格指数 Consumer Price Index	企业商品价格指数 Corporate Goods Price Index		
			总指数 Overall Index	投资品 Capital Goods	消费品 Consumer Goods
2008	101.4	101.2	96.9	96.2	98.7
2009	101.4	101.9	103.4	103.5	103.0
2010	104.1	104.6	107.9	107.7	108.5
2011	103.8	104.1	102.3	101.9	104.6
2012	101.5	102.5	98.4	98.0	101.4
2013.01	101.3	102.0	98.9	98.5	101.8
2013.02	102.1	103.2	98.9	98.5	102.5
2013.03	100.8	102.1	98.3	97.9	101.5
2013.04	100.9	102.4	97.9	97.4	101.5
2013.05	100.7	102.1	97.7	97.2	101.1
2013.06	101.4	102.7	98.1	97.7	101.7
2013.07	101.7	102.7	98.8	98.4	102.2
2013.08	101.6	102.6	99.3	98.9	102.1
2013.09	101.9	103.1	99.6	99.3	102.3
2013.10	101.9	103.2	99.7	99.3	102.5
2013.11	101.7	103.0	99.6	99.3	102.2
2013.12	101.2	102.5	99.3	99.0	101.4
2014.01	101.1	102.5	98.6	98.3	100.2
2014.02	100.8	102.0	97.7	97.5	99.6
2014.03	101.2	102.4	97.6	97.3	100.0
2014.04	100.8	101.8	97.8	97.5	99.5
2014.05	101.6	102.5	98.6	98.3	100.4
2014.06	101.6	102.3	98.9	98.7	100.3
2014.07	101.6	102.3	99.1	98.9	100.1
2014.08	101.2	102.0	98.6	98.4	99.9
2014.09	100.7	101.6	97.6	97.4	99.2
2014.10	100.6	101.6	96.9	96.7	98.7
2014.11	100.4	101.4	96.4	96.1	98.4
2014.12	100.4	101.5	95.6	95.2	98.4
2015.01	-0.45	0.76	94.4	93.9	98.3
2015.02	-0.06	1.43	94.2	93.6	98.9
2015.03	-0.01	1.38	94.6	94.0	99.1
2015.04	0.11	1.51	94.7	94.1	99.5
2015.05	-0.08	1.23	94.5	93.9	99.2
2015.06	0.05	1.39	94.2	93.6	99.3
2015.07	0.19	1.65	93.3	92.6	99.5
2015.08	0.40	1.96	93.0	92.2	99.6
2015.09	0.09	1.60	92.7	91.8	99.7
2015.10	-0.02	1.27	92.6	91.8	99.8
2015.11	0.22	1.49	92.4	91.5	99.7
2015.12	0.44	1.60	92.7	91.8	100.3

8.2 企业商品价格指数 Corporate Goods Price Indices(CGPI)

以1993年12月为100
December 1993=100

	总指数 Overall Index	农产品 Agricultural Product	矿产品 Minning Product	煤油电 Coal,Oil and Electricity	加工业产品 Processed Product
2008	135.2	172.0	179.1	229.7	113.4
2009	139.8	185.2	203.9	251.3	114.5
2010	150.9	213.3	233.6	265.5	121.5
2011	154.3	223.3	235.5	289.2	122.3
2012	151.9	227.6	228.0	283.4	120.0
2013.01	152.8	237.7	229.7	283.8	120.2
2013.02	153.4	241.8	232.4	285.3	120.4
2013.03	152.8	233.8	232.9	286.8	120.2
2013.04	152.1	235.3	229.4	283.0	119.7
2013.05	151.0	230.1	226.6	278.5	119.3
2013.06	150.1	229.6	223.3	275.9	118.7
2013.07	149.7	231.0	221.1	274.3	118.3
2013.08	150.1	233.5	224.1	274.3	118.6
2013.09	150.8	236.5	226.5	277.7	118.8
2013.10	151.0	235.8	225.7	278.4	118.9
2013.11	150.8	236.1	224.6	277.8	118.8
2013.12	150.8	236.0	223.5	279.2	118.7
2014.01	150.6	239.1	223.1	279.3	118.3
2014.02	150.0	240.5	222.7	276.1	117.8
2014.03	149.2	235.9	220.3	276.1	117.3
2014.04	148.8	230.7	219.0	274.6	117.3
2014.05	148.8	231.8	217.7	274.4	117.4
2014.06	148.5	230.0	215.6	273.4	117.3
2014.07	148.4	230.3	215.0	272.7	117.2
2014.08	148.0	232.7	212.8	269.9	116.9
2014.09	147.3	232.5	209.2	267.1	116.4
2014.10	146.4	229.1	206.8	264.1	116.0
2014.11	145.4	229.1	204.1	258.3	115.5
2014.12	144.1	230.2	201.8	250.9	114.8
2015.01	142.2	232.4	197.5	240.3	113.7
2015.02	141.2	238.4	194.6	232.9	113.0
2015.03	141.1	235.5	192.6	235.6	112.8
2015.04	140.8	233.6	191.1	235.6	112.7
2015.05	140.6	232.0	192.4	236.9	112.4
2015.06	139.9	231.0	191.4	238.3	111.6
2015.07	138.5	234.2	188.3	234.9	110.2
2015.08	137.6	237.6	185.8	227.7	109.8
2015.09	136.4	236.6	184.4	222.1	109.2
2015.10	135.5	232.2	183.6	220.2	108.7
2015.11	134.3	232.1	179.9	217.5	107.7
2015.12	133.5	238.0	176.7	213.1	107.0

9 主要经济金融指标图
Charts of Major Economic & Financial Indicators

工业增加值当月同比增长变化图
Growth Changes of Industrial Value-added

单位：%
Unit : %

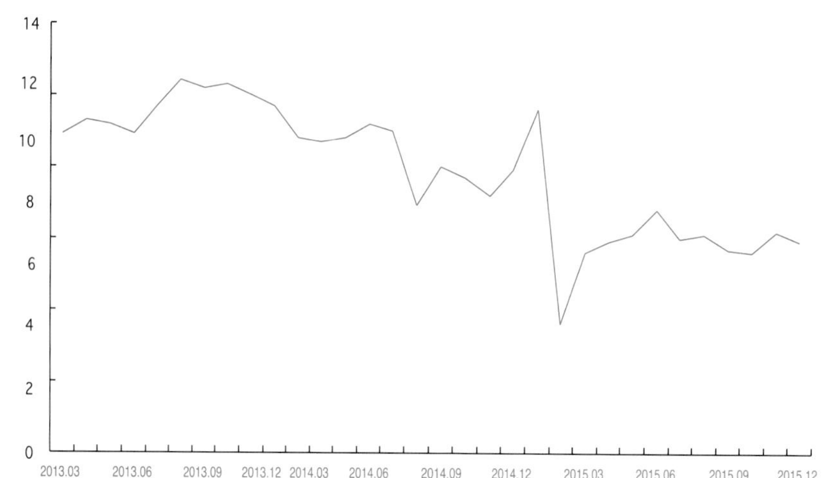

社会消费品零售总额当月同比增长变化图
Growth Changes of Retail Sales of Consumer Goods

单位：%
Unit : %

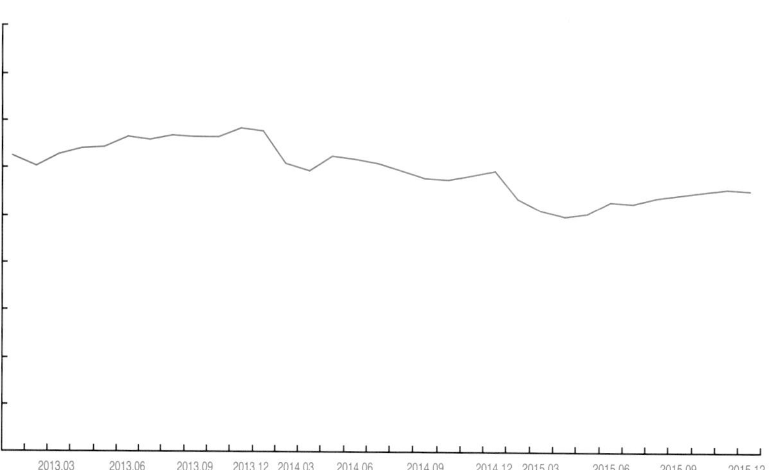

进出口增长变化图

Growth Changes of Import & Export

单位: %

Unit : %

货币供应量增长率图

Money Supply Growth Rate

单位: %

Unit : %

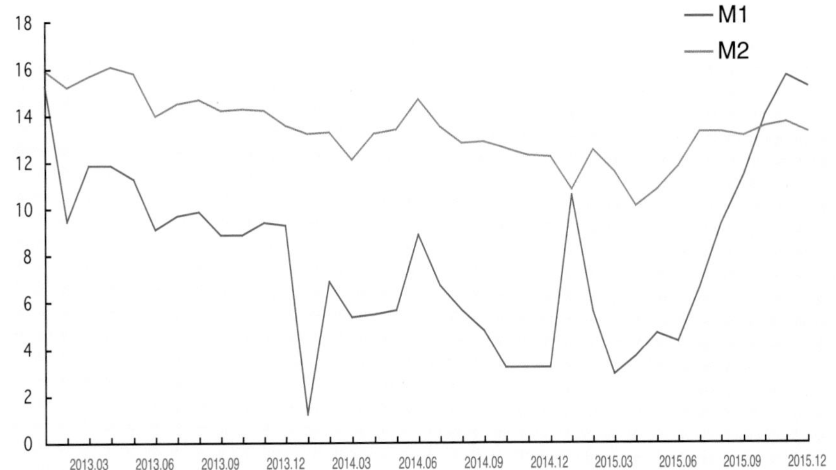

2015年四季度末其他存款性公司金融资产分布图
Assets Distribution of Other Depository Corporations (End of 2015 Q4)

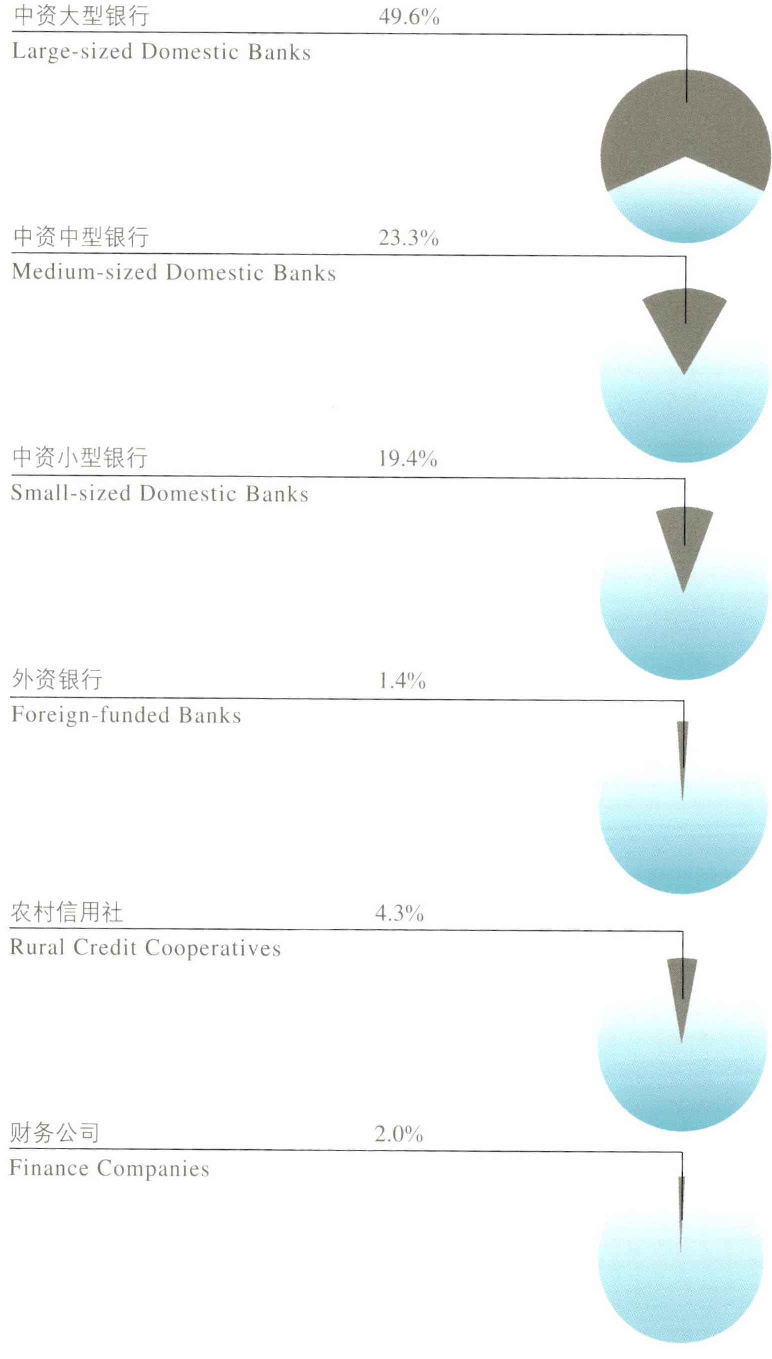

1 年期储蓄利率与居民消费价格指数涨幅对比图
One-year Savings Interest Rate and CPI Growth Rate

单位：%
Unit : %

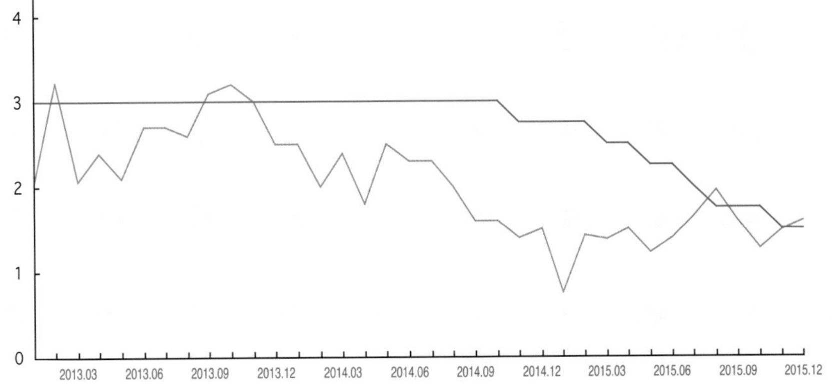

主要物价指数
Major Price Indices

以上年同期为 100
Previous Corresponding Month = 100

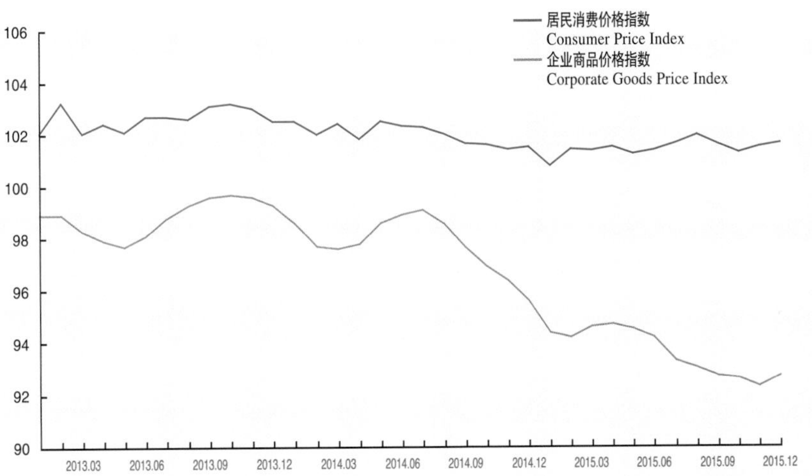

5000户企业经营景气指数高于全国平均水平的主要行业（2015年四季度）

Indices above the National Average Level of Business Conditions of Major Industries among 5000 Principal Enterprises (2015 Q4)

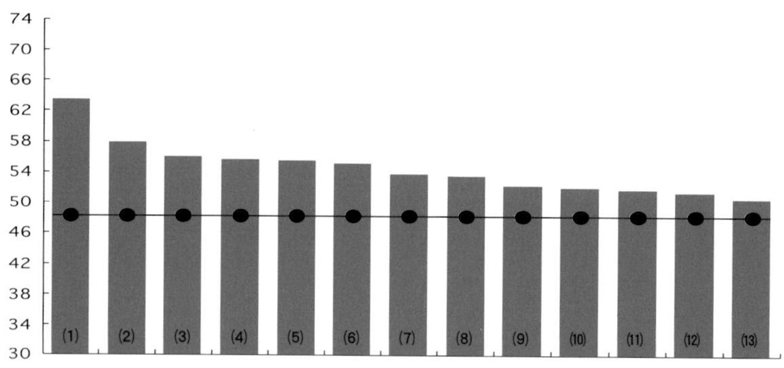

(1)医药制造业 (2)印刷复制业 (3)电气热业 (4)塑料制品业 (5)电气机械及家电制造业 (6)食饮烟业 (7)电子及通信设备制造业 (8)仪器仪表业 (9)服装及纤维业 (10)其他工业 (11)石油加工炼焦业 (12)造纸及纸制品业 (13)交通运输设备制造业

(1) Manufacture of Medicines (2) Printing and Reproduction (3) Production and Supply of Electric Power, Gas and Heat (4) Plastic Products (5) Manufacture of Electrical Machinery and Household Appliances (6) Manufacture of Food, Beverage and Tobacco (7) Electronic and Communication Equipment Production (8) Instruments and Meters (9) Manufacture of Clothing and Fiber (10) Other Industries (11) Processing of Petroleum and Coking (12) Manufacture of Paper and Paper Products (13) Manufacture of Transport Equipment

5000户企业货币资金与存货趋势图

Growth Changes of Monetary Funds and Inventories of 5000 Principal Enterprises

以上年同期为100

Previous Corresponding Period = 100

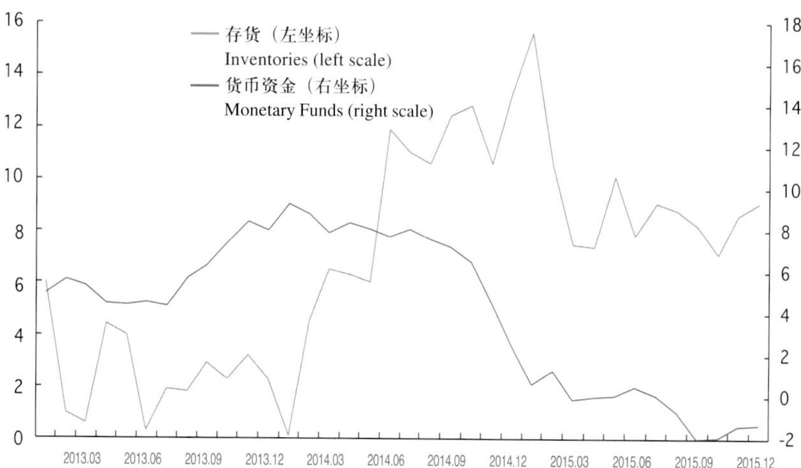

上海银行间同业拆放利率
Shibor

单位：%
Unit : %

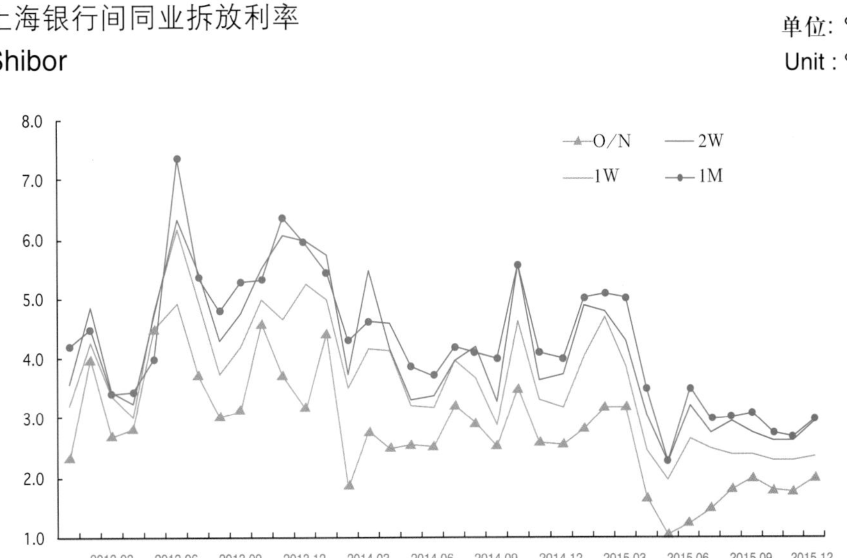

同业拆借、质押式回购月加权平均利率
Monthly Weighted Average Interest Rate of Interbank Lending and Pledged Repo

单位：%
Unit : %

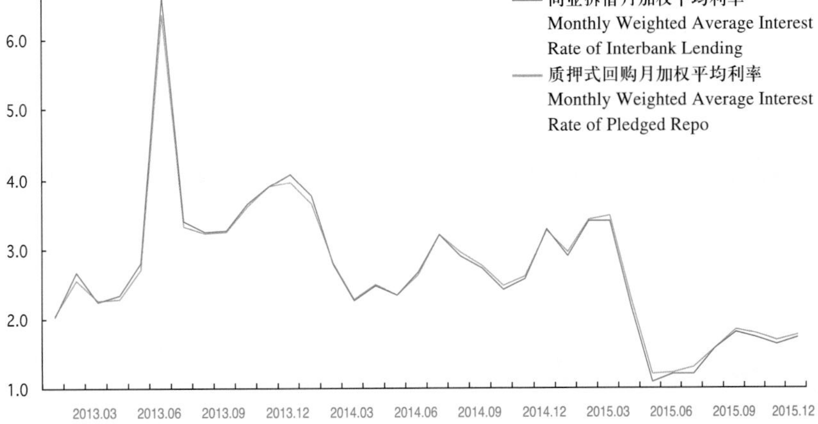

中债国债收益率曲线
Chinabond Yield Curves of Government Securities

单位：%
Unit : %

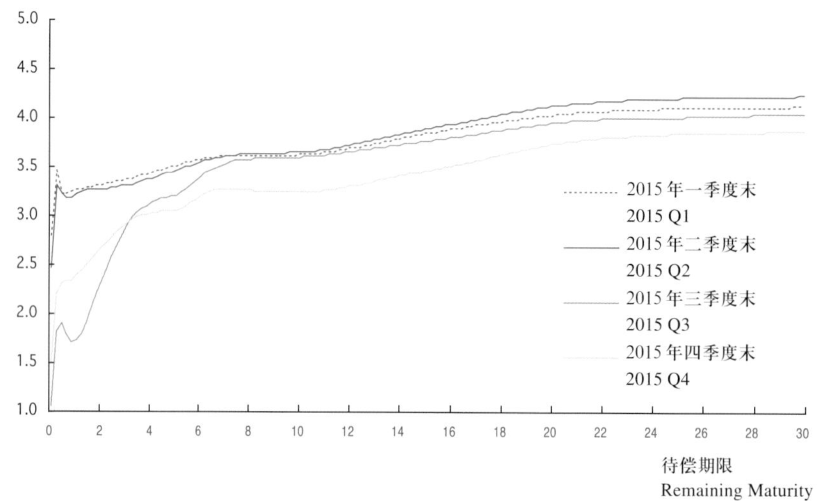

中债国债、中短期票据收益率
Chinabond Yield of Government Securities and Medium/Short-term Notes

单位：%
Unit : %

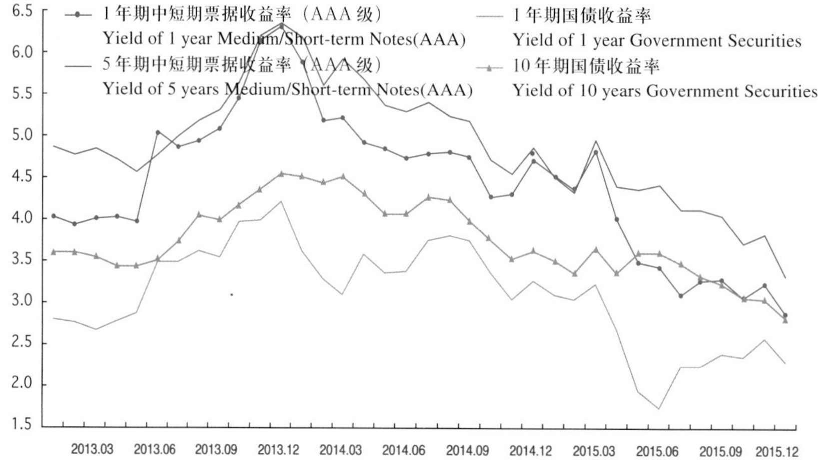

10 主要指标的概念及定义

1 名义 GDP 按市场价格计算的国内生产总值。

国内生产总值 按市场价格计算的国内生产总值的简称。它是一个国家(地区)所有常住单位在一定时期内生产活动的最终成果。在实际核算中，国内生产总值的三种表现形式为三种计算方法，即生产法、收入法和支出法，三种方法分别从不同的方面反映国内生产总值及其构成。

三大产业 根据社会生产活动历史发展的顺序对产业结构的划分，产品直接取自自然界的部门称为第一产业，对初级产品进行再加工的部门称为第二产业，为生产和消费提供各种服务的部门称为第三产业。

工业增加值 指工业在报告期内以货币表现的工业生产活动的最终成果。

国有及国有控股企业 指国有企业加上国有控股企业。国有企业（过去的全民所有制工业或国营工业）是指企业全部资产归国家所有，并按《中华人民共和国企业法人登记管理条例》规定登记注册的非公司制的经济组织，包括国有企业、国有独资公司和国有联营企业。1957年以前的公私合营和私营工业，后均改造为国营工业，1992年改为国有工业，这部分工业的资料不单独分列时，均包括在国有企业内。国有控股企业是对混合所有制经济的企业进行的国有控股分类，它是指这些企业的全部资产中国有资产（股份）相对其他所有者中的任何一个所有者占资（股）最多的企业。该分组反映了国有经济控股情况。

集体企业 指企业资产归集体所有，并按《中华人民共和国企业法人登记管理条例》规定登记注册的经济组织，是社会主义公有制经济的组成部分。它包括城乡所有使用集体投资举办的企业，以及部分个人通过集资自愿放弃所有权并依法经工商行政管理机关认定为集体所有制的企业。

1 Nominal GDP Nominal GDP is the Gross Domestic Product measured on the basis of current price.

Gross Domestic Product refers to Gross Domestic Product calculated at market price, which is all the final products of all resident units (enterprises and self-employed individuals) of a country (or region) during a certain period of time. In the practice of national accounting, Gross Domestic Product is calculated by three approaches, i. e. product approach, income approach, and expenditure approach, respectively to reflect Gross Domestic Product and its composition from different aspects.

Three Industries industry structure has been classified according to the historical sequence of development. Primary industry refers to extraction of natural resources, secondary industry involves processing of primary products, and tertiary industry provides services of various kinds for production and consumption.

Industrial Value-added refers to final results of industrial production of industry in money terms during reference period.

State-owned and State-holding Enterprises refer to state-owned enterprises plus state-holding enterprises. State-owned enterprises (originally known as state-run enterprises with ownership by the whole society) are non-corporate economic entities registered in accordance with the *Regulation of the People's Republic of China on the Management of Registration of Legal Enterprises*, where all assets are owned by the state. Included in this category are state-owned enterprises, state-funded corporations and state-owned joint-operation enterprises. Joint state-private industries and private industries, which existed before 1957, were transformed into state-run industries since 1957, and into state-owned industries after 1992. Statistics on those enterprises are included in the state-owned industries instead of grouping them separately. State-holding enterprises are a sub-classification of enterprises with mixed ownership, referring to enterprises where the percentage of state assets (or shares by the state) is larger than any other single share holder of the same enterprise. This sub-classification illustrates the control of the state assets.

Collective Enterprises refer to economic entities registered in accordance with the *Regulation of the People's Republic of China on the Management of Registration of Legal Enterprises*, where assets are owned collectively. Collective enterprises constitute an integral part of the socialist economy with public ownership. They include urban and rural enterprises invested collectively, and some enterprises registered in industrial and commercial administration agency as collective units where funds are pooled together by individuals who voluntarily give up their rights of ownership.

10 Concepts and Definitions for Major Indicators

港、澳、台商投资企业 指企业注册登记类型中的港、澳、台资合资、合作、独资经营企业和股份有限公司之和。

Enterprises with Funds from Hong Kong, Macao and Taiwan refer to all industrial enterprises registered as the joint-venture cooperative, sole(exclusive)investment industrial enterprises and limited liability corporations with funds from Hong Kong, Macao and Taiwan.

外商投资企业 指企业注册登记类型中的中外合资、合作经营企业，外资企业和外商投资股份有限公司之和。

Foreign Funded Enterprises refer to all industrial enterprises registered as the joint-venture, cooperative, sole(exclusive) investment industrial enterprises and limited liability corporations with foreign funds.

城镇居民可支配收入 指居民家庭在支付个人所得税后余下的实际收入，即实际收入减去个人所得税、家庭副业生产支出和记账补贴后的余额。

Disposable Income of Urban Households equals the actual income deducted by the personal income tax, that is the remainder of the actual income deducted by the personal income tax, the expenditure of the sideline production of households and the subsidies paid for sample-data-collecting.

全社会固定资产投资 固定资产投资额是以货币表现的建造和购置固定资产活动的工作量。全社会固定资产投资包括国有经济单位投资、城乡集体经济单位投资、各种经济类型的单位投资和城乡居民个人投资。

Total Investment in Fixed Assets value of investment in fixed assets refers to construction and purchase of fixed assets in money terms. Total investment in fixed assets includes investment by state-owned units, urban and rural collective units, and units of various other kinds of ownership and individual investment by urban and rural residents.

基本建设投资 指企业、事业、行政单位以扩大生产能力或工程效益为主要目的的新建、扩建工程及有关工作，包括工厂、矿山、铁路、桥梁、港口、农田水利、商店、住宅、学校、医院等工程的建造和机器设备、车辆、船舶、飞机等的购置。

Capital Construction Investment refers to investment in new projects or an addition to existing facilities for the purposes of enlarging production capacity or improving efficiency, which includes construction of plants, mines, railways, bridges, harbors, water conservation facilities, stores, residential facilities, schools, hospitals, and purchase of machinery and equipment, vehicles, ships, and planes.

基本建设投资额 指以货币表现的基本建设完成的工作量。它是根据工程的实际进度按预算价格(预算价格是编制施工图预算时所用的价格)计算的工作量，没有形成工程实体的建筑材料和没有开始安装的设备，都不计算投资完成额。

Value of Construction Investment refers to completion of capital construction in money terms. It is calculated at budget prices according to the actual completion of the project and therefore, construction materials and equipment not put into operation are not included.

更新改造投资 更新改造指国有企业、事业单位对原有设施进行固定资产更新和技术改造，以及相应配套的工程和有关工作(不包括大修理和维护工程)。更新改造投资是以货币表现的更新改造完成的工作量。

Technical Upgrading and Transformation refers to the investment in projects to renew, modernize or replace existing assets and related supplementary projects (excluding major repairs and maintenance projects), which is presented in money terms.

10 主要指标的概念及定义

社会消费品零售额 指各种经济类型的批发零售贸易业、餐饮业、制造业和其他行业对城乡居民和社会集团的消费品零售额。这个指标反映通过各种商品流通渠道向居民和社会集团供应的满足他们生活需要的消费品，是研究人民生活水平、社会消费品购买力、货币流通等问题的重要指标。

Value of Retail Sales of Consumer Goods refers to the sum of retail sales of consumer goods by wholesale and retail industry, catering, manufacturing establishments and establishments in other industries of different types of ownership to urban and rural households and institutions, as well as retail sales by farmers to non-agricultural households. Illustrating the supply of consumer goods through various channels to households and institutions to meet their demands, this is an important indicator for the study of issues on people's livelihood, on the purchasing power of consumer goods and on the circulation of money.

进出口总额 指实际进出我国境内的货物总金额。进出口总额用于观察一个国家在对外贸易方面的总规模。我国规定出口货物按离岸价格统计，进口货物按到岸价格统计。

The Total Value of Imports and Exports at Customs refers to the value of commodities imported into and exported from the boundary of China. The indicator of the total value of imports and exports at customs can be used to observe the total size of external trade in a country. Under the stipulation of Chinese government, exports are calculated on FOB basis, while imports are on CIF basis.

净出口 指出口与进口的差额。

Net Export refers to the difference between the value of exports and imports.

外商直接投资 指外国企业和经济组织或个人(包括华侨、港澳台胞以及我国在境外注册的企业)按我国有关政策、法规，用现汇、实物、技术等在我国境内开办外商独资企业，与我国境内的企业或经济组织共同举办中外合资经营企业、合作经营企业或合作开发资源的投资(包括外商投资收益的再投资)，以及经政府有关部门批准的项目投资总额内，企业从境外借入的资金。

Direct Investment by Foreign Business refers to the investment inside China by foreign enterprises and economic organizations or individuals (including overseas Chinese, compatriots in Hong Kong, Macao and Taiwan, and Chinese enterprises registered abroad), following the relevant policies and laws of China, for the establishment of wholly foreign-owned enterprises, by means of convertible currencies, supplies, technique and so on and the establishment of joint venture enterprises, contractual joint ventures or co-operative exploration of resources with enterprises or economic organization in China (including re-investment of profits from foreign businessmen's enterprises), and the funds that enterprises borrow from abroad in the total investment of projects which are approved by the relevant department of the government.

外汇储备 外汇储备是一国政府所拥有的全部外汇，其表现形式可以是在国外银行的存款、外国国库券和长短期债券，以及在国际收支发生逆差时可以动用的债权。

Foreign Exchange Reserves refer to the total amount of foreign exchange held by the government of one country which can be in the form of the bank deposits abroad, treasury bonds, short-term and long-term bonds of foreign countries and the claims on nonresidents which can be utilized as the financing resources should the balance of payments deficits arise.

10 Concepts and Definitions for Major Indicators

2 金融机构信贷收支表（人民币）

对金融机构信贷收支表的说明

金融机构范围包括中国人民银行、中国工商银行、中国农业银行、中国银行、中国建设银行、国家开发银行、中国进出口银行、中国农业发展银行、交通银行、中信银行、中国光大银行、华夏银行、广发银行、平安银行、招商银行、上海浦东发展银行、兴业银行、中国民生银行、恒丰银行、浙商银行、渤海银行、城市商业银行、城市信用社、农村信用社、农村商业银行、农村合作银行、外资银行、财务公司、信托投资公司、金融租赁公司、中国邮政储蓄银行、村镇银行*。

[注 1] 对 2006 年货币统计报表的说明

自 2006 年起，中国人民银行按照国际货币基金组织《货币与金融统计手册》对货币金融统计制度进行了修订。2006 年一季度及以后各期数据与历史数据不完全可比。修订的主要内容包括以下三个方面：

①在机构分类上，将金融性公司划分为存款性公司和其他金融性公司，存款性公司划分为货币当局和其他存款性公司。货币当局为中国人民银行，其他存款性公司包括四大国有商业银行、其他国有银行、股份制商业银行、合作金融机构、中国邮政储蓄银行、财务公司。

②根据金融性公司新分类，开始编制其他存款性公司资产负债表；将中央银行资产负债表、其他存款性公司资产负债表合并，编制存款性公司概览。存款性公司概览同原银行概览相比，不包含信托投

2 Sources and Uses of Credit Funds of Financial Institutions (RMB)

Notes to the Sheet of the Sources and Uses of Credie Funds of Financial Institutions

Financial Institutions include the People's Bank of China, Industrial and Commercial Bank of China, Agricultural Bank of China, Bank of China, China Construction Bank, China Development Bank, Export-Import Bank of China, Agricultural Development Bank of China, Bank of Communications, CITIC Bank, China Everbright Bank, Hua Xia Bank, Guangdong Development Bank, Ping An Bank, China Merchants Bank, Shanghai Pudong Development Bank, Industrial Bank Co., Ltd., China Minsheng Banking Corporation, Evergrowing Bank, China Zheshang Bank, China Bohai Bank, Urban Commercial Banks, Urban Credit Cooperatives, Rural Credit Cooperatives, Rural Commercial Banks, Rural Cooperative Banks, Foreign-funded Bank, Finance Companies, Trust and Investment Companies, Financial Leasing Companies and Postal Savings Bank of China, Rural Banks*.

Note 1:Introduction to 2006 Revision of Monetary Statistics

Since 2006, the People's Bank of China has revised the system of monetary and financial statistics in line with the IMF *Manual on Monetary and Financial Statistics*. As from the first quarter of 2006, the monetary statistics thereafter are not fully comparable with historical statistics.The revision includes the following 3 aspects:

①To reclassify the Financial Corporations as the depository corporations and other financial corporations. Depository corporations are sub-divided into categories of the monetary authority and other depository corporations. The monetary authority is the People's Bank of China; other depository corporations include 4 Major State-owned Commercial Banks, Other State-owned Banks, Joint Stock Commercial Banks, Cooperative Financial Institutions, Postal Savings Bank of China, Finance Companies.

②The balance sheet of other depository corporations was compiled according to the new classification of the financial corporations since 2006.Depository corporations survey is the consolidation of the balance sheets of the monetary authority and the other dipositary corporations. The

* 自 2009 年 1 月起，金融机构范围包括村镇银行。

* As of January 2009, Rural Banks were included in the coverage of financial institutions.

10 主要指标的概念及定义

资公司和金融租赁公司。自2006年开始不再编制银行概览、货币概览、存款货币银行资产负债表和特定存款机构资产负债表。

main distinction between depository corporations survey and banking survey lies in the fact that data of trust and investment companies and financial leasing companies are not included in the depository corporations survey.Since 2006, the banking survey, monetary survey, balance sheet of monetary authorities, balance sheet of deposit money banks, balance sheet of specific depository institutions will no longer be compiled.

③调整部分报表项目。如将中央银行资产负债表中的"对存款货币银行债权"、"对特定存款机构债权"、"对其他金融机构债权"调整为"对其他存款性公司债权"和"对其他金融性公司债权"两项，将"储备货币"项下的"金融机构存款"三个子项调整为"其他存款性公司存款"、"其他金融性公司存款"等。

③Adjust some items of all relevant statistical sheets. Examples: reclassify the 3 balance sheet items of the central bank— "claims on deposit money banks", "claims on specific depository institutions" and "claims on other financial institutions" to "claims on other depository corporations" and "claims on other financial corporations". Reclassify the 3 sub-items of "deposits of financial institutions" under "reserve money" to "deposits of other depository corporations" and "deposits of other financial corporations", etc..

1.货币当局：中国人民银行

1. Monetary Authority: the People's Bank of China.

2.其他存款性公司

2. Other Depository Corporations

(1)四大国有商业银行：中国工商银行、中国农业银行、中国银行、中国建设银行。

(1) 4 Major State-owned Commercial Banks: Industrial and Commercial Bank of China, Agricultural Bank of China, Bank of China, China Construction Bank.

(2)其他国有银行：国家开发银行、中国进出口银行、中国农业发展银行。

(2) Other State-owned Banks:China Development Bank, Export- Import Bank of China, Agricultural Development Bank of China.

(3)股份制商业银行：交通银行、中信银行、中国光大银行、华夏银行、广发银行、平安银行、招商银行、上海浦东发展银行、兴业银行、中国民生银行、恒丰银行、浙商银行、渤海银行、农村商业银行、城市商业银行、外资商业银行。

(3) Joint Stock Commercial Banks: Bank of Communications, CITIC Bank, China Everbright Bank, Hua Xia Bank, Guangdong Development Bank, Ping An Bank, China Merchants Bank, Shanghai Pudong Development Bank, Industrial Bank, China Minsheng Banking Corporation, Evergrowing Bank, China Zheshang Bank, China Bohai Bank, Rural Commercial Banks, Urban Commercial Banks, Foreign-funded Commercial Banks.

(4)合作金融机构：城市信用社、农村信用社、农村合作银行。

(4) Cooperative Financial Institutions: Urban Credit Cooperatives, Rural Credit Cooperatives, Rural Cooperative Banks.

(5)中国邮政储蓄银行。

(5) Postal Savings Bank of China.

(6)财务公司。

(6) Finance Companies.

10 Concepts and Definitions for Major Indicators

3.其他金融性公司

(1)保险公司和养老基金（企业年金）。

(2)信托投资公司。

(3)金融租赁公司。

(4)资产管理公司。

(5)汽车金融服务公司。

(6)金融担保公司。

(7)证券公司。

(8)投资基金。

(9)证券交易所。

(10)其他金融辅助机构。

[注2] 对2010年货币统计报表的说明

自2010年1月起，中国人民银行按照国际货币基金组织《货币与金融统计手册》的概念、定义和分类，以中国境内各金融机构的本、外币业务统计数据为基础编制货币统计报表。

主要变动

1.由于金融机构分组、会计科目的变动，对2009年12月末数据进行了修正。

2.调整其他存款性公司机构分组方法。

增设"中资大型银行资产负债表"、"中资中型银行资产负债表"和"中资小型银行资产负债表"。终止"国有商业银行资产负债表"、"股份制商业银行资产负债表"、"政策性银行资产负债表"、"城市商业银行资产负债表"、"中国邮政储蓄银行资产负债表"。

3. Other Financial Corporations

(1) Insurance Companies and Pension Fund (enterprise annuities).

(2) Financial Trust and Investment Companies.

(3) Financial Leasing Companies.

(4) Asset Management Companies.

(5) Auto Financing Companies.

(6) Financial Guaranty Companies.

(7) Securities Companies.

(8) Investment Funds.

(9) Stock Exchange.

(10) Other Financial Auxiliary Institutions.

Note 2: Introduction to 2010 Revision of Monetary Statistics

As of January 2010, monetary and financial statistics are compiled based on the RMB and foreign currency statistical data of domestically operating financial institutions, in line with the concept, definition and classification of the IMF *Manual of Monetary and Financial Statistics*, by the People's Bank of China.

Major Revisions

1. Statistical data of December 2009 is adjusted as a result of the change in institutional classification and accounting items.

2. Classification of other depository corporations is adjusted.

Newly added balance sheets are compiled for: "Large-sized Domestic Banks", "Medium-sized Domestic Banks" and "Small-sized Domestic Banks". Original balance sheets are suspended for: "State-owned Commercial Banks", "Joint Stock Commercial Banks", "Policy Banks", "Urban Commercial Banks" and "Postal Savings Bank of China".

10 主要指标的概念及定义

中资大型银行：本外币资产总量超过2万亿元的中资银行（以2008年末各金融机构本外币资产总额为参考标准）。

Large-sized Domestic Banks: refers to all the domestic banks with the total RMB and foreign currency asset volume more than 2 trillion yuan (as of year-end 2008).

中资中型银行：本外币资产总量小于2万亿元且大于3000亿元的中资银行。

Medium-sized Domestic Banks: refers to all the domestic banks with the total RMB and foreign currency asset volume more than 300 billion yuan but less than 2 trillion yuan.

中资小型银行：本外币资产总量小于3000亿元的中资银行。

Small-sized Domestic Banks: refers to all the domestic banks with the total RMB and foreign currency asset volume less than 300 billion yuan.

3.修订后的金融机构分组如下：

3. Classification of Financial Institutions:

(1)货币当局：中国人民银行。

(1) Monetary Authority: the People's Bank of China.

(2)其他存款性公司。

(2) Other Depository Corporations.

①中资大型银行：中国工商银行、中国建设银行、中国农业银行、中国银行、国家开发银行、交通银行、中国邮政储蓄银行。

①Large-sized Domestic Banks: Industrial and Commercial Bank of China, China Construction Bank, Agricultural Bank of China, Bank of China, China Development Bank, Bank of Communications, Postal Savings Bank of China.

②中资中型银行：招商银行、中国农业发展银行、上海浦东发展银行、中信银行、兴业银行、中国民生银行、中国光大银行、华夏银行、中国进出口银行、广发银行、平安银行、北京银行、上海银行、江苏银行。

②Medium-sized Domestic Banks: China Merchants Bank, Agricultural Development Bank of China, Shanghai Pudong Development Bank, CITIC Bank, Industrial Bank Co., Ltd., China Minsheng Banking Corporations, China Everbright Bank, Huaxia Bank, Export-Import Bank of China, Guangdong Development Bank, Ping An Bank, Bank of Beijing, Bank of Shanghai, Bank of Jiangsu.

③中资小型银行：恒丰银行、浙商银行、渤海银行、小型城市商业银行、农村商业银行、农村合作银行、村镇银行。

③Small-sized Domestic Banks: Evergrowing Bank, China Zheshang Bank, China Bohai Bank, Small-sized Urban Commercial Banks, Rural Commercial Banks, Rural Cooperative Banks, Rural Banks.

④外资商业银行。

④Foreign-funded Commercial Banks.

⑤城市信用社。

⑤Urban Credit Cooperatives.

⑥农村信用社。

⑥Rural Credit Cooperatives.

⑦财务公司。

⑦Finance Companies.

(3)其他金融性公司。

(3) Other Financial Corporations.

10 Concepts and Definitions for Major Indicators

①保险公司和养老基金（企业年金）。

①Insurance Companies and Pension Fund (Enterprise Annuities).

②信托投资公司。

② Financial Trust and Investment Companies.

③金融租赁公司。

③ Financial Leasing Companies.

④金融资产管理公司。

④ Asset Management Companies.

⑤汽车金融服务公司。

⑤ Auto Financing Companies.

⑥金融担保公司。

⑥ Financial Guaranty Companies.

⑦证券公司。

⑦ Securities Companies.

⑧投资基金。

⑧ Investment Funds.

⑨证券交易所。

⑨ Stock Exchange.

⑩其他金融辅助机构。

⑩ Other Financial Auxiliary Institutions.

主要指标解释

Major Indicators

2.1 货币当局资产负债表

2.1 Statistical Composition of the Balance Sheet of Monetary Authorities

1.国外资产：中国人民银行控制的以人民币计值的国家外汇储备、货币黄金以及在国际金融机构的头寸和以外汇缴存的人民币存款准备金。

1. Foreign Assets: mainly include Renminbi equivalent value of the state foreign exchange reserves, monetary gold and position of the People's Bank of China with international financial institutions, as well as the RMB required reserves in foreign currencies.

2.对政府债权：中国人民银行持有的政府债券。

2. Claims on Government: holding of government bonds by the People's Bank of China.

3.对其他存款性公司债权：中国人民银行对其他存款性公司发放的贷款、再贴现、持有的其他存款性公司发行的金融债券以及从其他存款性公司买入的返售证券等。

3. Claims on Other Depository Corporations: financing by the People's Bank of China in forms of lending, rediscounting, repos and etc., to other depository corporations,and purchased bonds issued by other depository corporations.

4.对其他金融性公司债权：中国人民银行对其他金融性公司发放的贷款，办理的再贴现以及持有的其他金融性公司发行的债券等。

4. Claims on Other Financial Corporations: financing by the People's Bank of China in forms of lending and rediscounting, etc. to other financial corporations,and purchased bonds issued by other financial corporations.

5.对非金融性公司债权：中国人民银行为支持老、少、边、穷地区发展而发放的专项贷款等。

5. Claims on Non-financial Corporitions: ear-marked loan of the People's Bank of China to poor,remote,and minorities areas for economic development.

10 主要指标的概念及定义

6.**其他资产**：在本表中未作分类的资产。

6. Other Assets: the assets not classified in the sheet.

7.**储备货币**：中国人民银行发行的货币，金融机构在中国人民银行的准备金存款。

7. Reserve Money: currency issued by the People's Bank of China and reserve requirements of financial insitutions.

8.**发行债券**：中国人民银行发行的债券。

8. Bond Issue: bonds issued by the People's Bank of China.

9.**国外负债**：以人民币计值的中国人民银行对非居民的负债，主要包括国际金融机构在中国人民银行的存款等。

9. Foreign Liabilities: RMB equivalent value of non-resident claims on the People's Bank of China, mainly including deposits of international organizations with the People's Bank of China.

10.**政府存款**：各级政府在中国人民银行的财政性存款。

10. Government Deposits: treasury deposits of fiscal departments at various levels with the People's Bank of China.

11.**自有资金**：中国人民银行信贷基金。

11. Self- owned Funds: credit funds of the People's Bank of China.

12.**其他负债**：在本表中未作分类的负债。

12. Other Liabilities: the liabilities not classified in the sheet.

2.2 其他存款性公司资产负债表

2.2 Statistical Composition of the Balance Sheet of Other Depository Corporations (ODCs)

1.**国外资产**：其他存款性公司以人民币计值的对非居民的债权，主要包括库存外币现金、存放境外同业、拆放境外同业、境外有价证券投资、境外贷款等。

1. Foreign Assets: claims of other depository corporations on non-residents in Renminbi equivalent value, including cash in vaults, deposits with and lendings to foreign banks, overseas portfolio investments and overseas lending.

2.**储备资产**：其他存款性公司存放在中国人民银行的准备金存款及库存现金。

2. Reserve Assets: reserve requirements account with the People's Bank of China and cash in vaults.

3.**对政府债权**：其他存款性公司持有的政府债券。

3. Claims on Government: government bonds purchased by other depository corporations.

4.**对中央银行债权**：其他存款性公司持有中国人民银行发行的债券及其他债权。

4. Claims on Central Bank: central bank bonds purchased by other depository corporations, and other claims on central bank.

5.**对其他存款性公司债权**：其他存款性公司持有的本机构以外的其他存款性公司以本币和外币计值的可转让存款、贷款、股票及其他股权、金融衍生工具等。

5. Claims on Other Depository Corporations: claims of other depository corporations (ODCs)on other ODCs denominated in Renminbi or in foreign currencies, including transferrable deposits, loans,shares and other equities and financial derivatives, etc..

10 Concepts and Definitions for Major Indicators

6.**对其他金融性公司债权**：其他存款性公司存放和拆放给其他金融性公司的款项以及持有其他金融性公司发行的债券等。

7.**对非金融性公司债权**：其他存款性公司对非金融性公司发放的贷款、票据融资和对非金融性公司的投资等。

8.**对其他居民部门债权**：其他存款性公司对其他居民部门发放的贷款等。

9.**其他资产**：在本表中未作分类的资产。

10.**对非金融机构及住户负债**：其他存款性公司吸收的非金融机构及住户的活期存款、定期存款、储蓄存款、外汇存款及其他负债。

11.**对中央银行负债**：其他存款性公司向中国人民银行借入的款项，包括再贷款、再贴现、债券回购等。

12.**对其他存款性公司负债**：其他存款性公司从其他存款性公司吸收的存款和拆入款等。

13.**对其他金融性公司负债**：其他存款性公司从其他金融性公司吸收的存款和拆入款项等。

14.**国外负债**：其他存款性公司以人民币计值的对非居民的负债，如非居民外汇存款、境外筹资和国外同业往来等。

15.**债券发行**：其他存款性公司为筹措资金而发行的债券等。

16.**实收资本**：其他存款性公司实际收到出资人投入公司的资本。

17.**其他负债**：在本表中未作分类的负债。

6. Claims on Other Financial Corporations: deposits with and lending to other financial corporations by other depository corporations and purchased bonds issued by these financial corporations.

7. Claims on Non-financial Corporations: loans to, notes on discount to and investment innon-financial corporations by other depository corporations.

8. Claims on Other Resident Sectors: loans to other resident sectors by other depository corporations.

9. Other Assets: the assets not classified in the sheet.

10. Liabilities to Non-financial Institutions & Households Sectors: deposits of non-financial & households sectors with other depository corporations, including demand deposits, time deposits and saving deposits, foreign exchange savings and other liabilities.

11. Liabilities to Central Bank: borrowing from the People's Bank of China in forms of borrowing, rediscounting, repos and etc., by other depository corporations.

12. Liabilities to Other Depository Corponations: deposits of and borrowing from other ODCs by other depository corporations.

13. Liabilities to Other Financial Corporations: deposits of and borrowing from other financial corporations.

14. Foreign Liabilities: liabilities of other depository corporations to non-residents in Renminbi equivalent value, including foreign exchange deposit of non-resident,external borrowing, and inter-bank transactions with foreign banks.

15. Bonds Issue: bonds issued by other depository corporations.

16. Paid-up Capital: capital contributed actually by the investors to other depository corporations.

17. Other Liabilities: the liabilities not classified in the sheet.

10 主要指标的概念及定义

2.3 存款性公司概览及货币供应量

将汇总的货币当局资产负债表与汇总的其他存款性公司资产负债表合并，编制存款性公司概览。

广义货币为存款性公司概览中的货币和准货币，现阶段我国货币供应量分为以下三个层次：

M0：流通中现金；
M1：货币，M0 ＋活期存款；
M2：M1 ＋准货币。

自2001年6月起，准货币中含证券公司存放在金融机构的客户保证金。

2.3 Depository Corporations Survey and Money Supply

Depository corporations survey is the consolidation of the balance sheets of the monetary authorities and other depository corporations.

Broad money is the money and the quasi-money of the depository corporations.There are three indicators of money stock at current stage in China:

M0: currency in circulation;
M1: or money, M0 + demand deposits;
M2: M1 + quasi-money.

Effective June 2001, other deposits would include margin account of security companies maintained with financial institutions.

3 金融市场

金融市场指资金供给者和资金需求者从事资金融通活动的场所。

同业拆借 指与全国银行间同业拆借中心联网的金融机构之间通过同业中心的交易系统进行的无担保资金融通行为。拆借期限最短为1天，最长为1年。交易中心按1天、7天、14天、21天、1个月、2个月、3个月、4个月、6个月、9个月、1年共11个品种计算和公布加权平均利率。

质押式回购 指交易双方进行的以债券为权利质押的一种短期资金融通业务，指资金融入方（正回购方）在将债券出质给资金融出方（逆回购方）融入资金的同时，双方约定在将来某一日期由正回购方按约定回购利率计算的资金额向逆回购方返还资金，逆回购解除出质债券上质权的融资行为。质押式回购的期限为1天到365天，交易系统按1天、7天、14天、21天、1个月、2个月、3个月、4个月、6个月、9个月、1年共11个品种统计公布质押式回购的成交量和成交价。

3 Financial Markets

Financial markets are markets in which financing activities occur between supplier and demander.

Interbank Lending refers to no-guarantee financing business which is dealt through the trading system of the CFETS by and among financial institutions which link the CFETS via the network. For interbank lending, the shortest term is 1 day, and the longest term is 1 year. The CFETS is responsible for calculating and publicating the weighted average rates in accord with a total of 11 terms including 1day, 7days, 14days, 21days, 1month, 2months, 3months, 4months, 6months, 9months, and 1year.

Pledged Repo a type of short-term financing business where bonds are used by both trading parties as a pledge of rights. It refers to a financing act in which borrower (positive repo party), pledges bonds to lender (reverse repo party) for funds, and at the same time two parties agree upon that when at a future date positive repo party returns the amount of funds calculated at the specified repo rate to the reverse repo party, the reverse repo party shall lift the pledged rights on the pledged bonds. The terms of pledged repo range from 1 day to 365 days. Through the trading system, the trading volume and price of pledged repo is publicly released as a total of 11 terms including 1day, 7days, 14days, 21days, 1month, 2months, 3months, 4months, 6months, 9months and 1year.

10 Concepts and Definitions for Major Indicators

债券 以票据形式筹集资金而发行的、承诺按一定利率付息和一定期限偿还本金的书面债务证书。包括国债、中央银行票据、金融债券、公司信用类债券等。

Bonds negotiable and bearer instruments which give the holder the unconditional right to a fixed or contractually determined variable interest on a specified date or dates. They include government securities, central bank bills, financial bonds, and corporate debenture bonds.

国债 政府发行的债券。

Govement Securities securities issued by the govement.

金融债券 除中央银行以外的金融机构发行的债券。

Financial Bonds bonds issued by the financial institutions excluding the central bank.

公司信用类债券 非金融企业发行的债券，包括非金融企业债务融资工具、企业债券以及公司债、可转债等。

Corporate Debenture Donds bonds issued by the non-financial corporate businesses and include non-financial enterprise financing instruments, enterprise bonds, corporate bonds, convertible bonds, etc..

Shibor 上海银行间同业拆放利率，以位于上海的全国银行间同业拆借中心为技术平台计算、发布并命名，是由信用等级较高的银行组成报价团自主报出的人民币同业拆出利率计算确定的算术平均利率，是单利、无担保、批发性利率。目前，对社会公布的Shibor品种包括隔夜、1周、2周、1个月、3个月、6个月、9个月及1年。

Shibor Shanghai Interbank Offered Rate is calculated, announced and named on the technological platform of the National Interbank Funding Center in Shanghai. It is a simple, no-guarantee, wholesale interest rate calculated by arithmetically averaging all the interbank RMB lending rates offered by the price quotation group of banks with a high credit rating. Currently, the Shibor consists of eight maturities: overnight, 1week, 2weeks, 1month, 3months, 6months, 9months and 1year.

中债国债收益率曲线 以全国银行间市场发行的人民币计价的固定利率国债为样本券，期限自隔夜至50年的收益率曲线。样本券发行人为中华人民共和国财政部。

Chinabond Yield Curve of Government Securities the yield curve with sample securities of CNY-denominated fixed-rate treasury bond with Yield-to-Maturity from O/N to 50 years in national interbank market. The issuer of the sample securities is Ministry of Finance of People's Republic of China.

中债中短期票据收益率曲线（AAA级） 以全国银行间市场发行的人民币计价的固定利率中期票据、短期融资券、超短期融资券和非公开定向债务融资工具为样本券，期限自隔夜至15年的收益率曲线。样本券发行人为主体信用评级为AAA级的非金融机构。

Chinabond Yield Curve of Medium/Short-term Notes (AAA) the yield curve with sample securities of CNY-denominated fixed-rate Medium-term notes, Short-term financing bonds, Super Short-term commercial paper and Privately placed debt-financing instruments with Yield-to-Maturity from O/N to 15 years in national interbank market. The issuer of the sample securities are non-financial institutions with credit rating of AAA.

10 主要指标的概念及定义

4 资金流量表(金融交易账户)

资金流量表(金融交易账户)① 用矩阵账户的表现形式，反映国民经济各机构部门之间，以及国内与国外之间所发生的一切金融交易的流量。该账户将国民经济所有的机构单位区分为五大机构部门：住户、非金融企业、政府、金融机构和国外，并列在矩阵账户的宾栏；将发生在这五大机构部门之间的所有金融交易按交易发生时所采用的金融工具的形式进行分类，列在矩阵账户的主栏；采用复式记账法，按应收应付原则，以交易价格记录所有金融交易流量的价值；在每一个机构部门下，设来源与运用，反映各机构部门在各种金融资产与负债上的变化。

[注] 2010年资金流量核算统计制度进行了修订，将小额贷款公司和金融机构的银行承兑汇票、委托、信托等业务纳入资金流量核算。同时，将2008—2009年的资金流量核算表按2010年制度进行调整，保证数据可比。

住户部门 由城镇住户和农村住户构成。其中，含个体经营户。该部门主要从事最终消费活动及以自我使用为目的的生产活动，也从事少量的以盈利为目的的生产活动。

非金融企业部门 由所有从事非金融生产活动，并以盈利为目的的常住独立核算的法人企业单位组成。

政府部门 由中央政府、各级地方政府、机关团体和社会保障基金组成。该部门为公共和个人消费提供非营利性产出，并承担对国民收入和财富进行再分配的职责。

4 Flow of Funds Statement (Financial Transactions Accounts)

Flow of Funds Statement (Financial Transactions Accounts)① being presented in matrix format. Flow of Funds Accounts encompasses all financial transactions among domestic sectors and between these sectors and the rest of the world. In the accounts, all institutional units are grouped under five sectors: households, non-financial corporations, general government, financial institutions and the rest of the world, and all financial transactions are mainly classified by financial instruments. The sectors and financial transactions are listed on the rows and columns of the matrix respectively. The double entry flow of funds accounting is based on an accrual basis. All flows are measured according to their exchange value. The terms sources and uses are employed to reflect the changes in financial assets and financial liabilities of each sector.

Note: In 2010, part of funds flow accounting system is adjusted, we put small loans company, bank acceptance bills, designated and trust plan transactions into financial flow accounts. And adjust 2008-2009 tables to guarantee the comparability to 2010 year.

Households include urban and rural households with individually-owned enterprises also included. The sector is mainly engaged in final consumption and self-serving production. Some of them are also engaged in profit-making production.

Non-financial Corporations consist of resident corporate units which are market producers and whose principal activity is the production of goods and non-financial services.

General Government includes central government, local government, government organization and social security funds. They produce and supply non-market output for collective and individual consumption and carry out transactions intended to redistribute national income and wealth.

① 目前有些金融交易尚无法统计，如股权、商业信用和某些应收应付项目等。
① Some financial transactions are not accounted temporarily, such as equity, trade credit, some accounts receivable/payable.

10 Concepts and Definitions for Major Indicators

金融部门 由中央银行、银行及其他金融机构组成。该部门提供含保险在内的金融服务。

Financial Sector include central bank, banks and other financial institutions. They supply financial service including insurance.

国外部门 与国内机构单位发生金融交易的所有非常住机构单位。

The Rest of the World non-resident units which have financial transactions with resident units.

资金运用合计 各部门资金运用之和。

Financial Uses is the total amounts in the uses column of each sector.

资金来源合计 为各部门资金来源之和。

Financial Sources is the total amounts in the sources column of each sector.

净金融投资 资金运用合计与资金来源合计的差额。

Net Financial Investment is the differences between financial uses and financial sources.

通货① 以现金形式存在于市场流通领域中的货币，包括辅币和纸币。

Currency① notes and coins in circulation.

本币通货 由常住货币当局（中国人民银行）发行的，用于流通的货币。

RMB Currency notes and coins in circulation issued by resident monetary authorities (the People's Bank of China).

外币通货 由非常住货币当局发行的，常住单位持有的，在国内流通的外币现金。

Foreign Currencies is notes and coins in circulation issued by non-resident monetary authorities and held by residents.

存款 以各种形式存在的所有存款，具体包括活期存款、定期存款、财政存款、外汇存款和其他存款。

Deposits include all types of deposits denominated in local and foreign currencies, including demand deposit, time deposit, fiscal deposit, foreign exchange deposit and others.

活期存款 没有约定期限、随时可提取使用的存款，包括住户活期储蓄存款、企业活期存款、政府活期存款等。

Demand Deposit deposits which can be withdrawn on demand, including household demand saving deposit, enterprise demand deposit, government demand deposit etc..

定期存款 有一定期限、原则上到期前不能提取的存款，包括住户定期储蓄存款、企业定期存款、政府定期存款等。

Time Deposit deposits that are not immediately disposable because they are subject to a fixed term or a period of prior notice before withdrawal, including household time saving deposit, enterprise time deposit, government time deposit etc..

① 现在还无法统计人民币在国外流通的以及外币在国内流通的货币数量。

① RMB circulated in foreign countries and the domestically circulated foreign currencies are not accounted temporarily.

10 主要指标的概念及定义

财政存款 财政部门存放在银行业金融机构的各项财政资金，包括财政库款、财政过渡存款、待结算财政款项、国库定期存款、预算资金存款以及专用基金存款。

Fiscal Deposit deposits of the government in the banking financial institutions, including fiscal vault funds, fiscal transition deposit, fiscal funds to be settled, national vault time deposit, planing deposit and special use funds deposit.

外汇存款 常住非金融机构单位在金融机构及国外的外币存款，以及非常住单位在国内金融机构的外币存款。

Foreign Exchange Deposit foreign exchange denominated deposits of non-financial residents with domestic financial institutions and the rest of world, and those of non-residents with domestic financial institutions.

其他存款 未包括在以上存款中的其他存款，如委托存款、信托存款、保证金存款以及其他存款等。

Other Deposits deposit which are not classified above, such as designated deposit, trust deposits, margin account deposits, etc..

证券公司客户保证金 由客户存入其他存款性公司，由其他存款性公司作为第三方，保管的证券公司客户交易的结算资金。

Customer Margin of Securities Company the deposit of clients in other depository corporations which is the 3rd party to reserve the deposit, for settlement of securities company clients transaction.

贷款 各种形式的贷款，具体包括短期贷款、票据融资、中长期贷款、外汇贷款、委托贷款和其他贷款。

Loans all transactions in loans, including short-term loan, bills financing, medium-and long-term loan, foreign exchange loan, designated loan and other loans.

短期贷款 金融机构对企业和住户提供的期限在1年及1年以内的贷款。

Short-term Loan loans with a short-term (usually within one year or one year) maturity.

票据融资 银行业金融机构通过对客户持有的商业汇票、银行承兑汇票等票据进行贴现提供的融资。

Bills Financing financial institutions offered the funds to the clients by discounting the commercial paper, bank acceptance and other papers they held.

中长期贷款 金融机构为企业提供的期限在1年以上的贷款。

Medium-and Long-term Loans loans with a long-term (usually beyond one year) maturity.

外汇贷款 金融机构对常住非金融机构及国外的外币贷款，以及国外对常住单位提供的贷款。

Foreign Exchange Loan foreign exchange denominated loans extended to the resident by domestic financial institutions and the rest of world, and to non-residents by domestic financial institutions.

委托贷款 由政府部门、企事业单位及个人等委托人提供资金，由贷款人（受托人）根据委托人确定的贷款对象、用途、金额、期限、利率等代为发放、监督使用并协助收回的贷款。

Designated Loans used and managed to specified target and goals by banking financial institutions entrusted by government, enterprise, household or other designators which offer the founds.

10 Concepts and Definitions for Major Indicators

其他贷款 未包括在以上贷款中的其他贷款，如信托贷款等。

Other Loans loans which are not classified above, include trust loan etc..

未贴现银行承兑汇票 指未在银行贴现的银行承兑汇票，即企业签发的全部银行承兑汇票扣减已在银行表内贴现部分，以避免重复统计。

Undiscounted Bankers Acceptance Bills bankers acceptance bills which haven't been discounted in financial institutions, equals all the bankers acceptance bills minus their discounted parts to avoid repeat accounting.

保险准备金 指社会保险和商业保险基金的净权益，保险费预付款和未结索赔准备金。

Insurance Technical Reserves consist of net equity of social insurance and commercial insurance funds reserves, prepayments of insurance premiums, and reserves for outstanding claims.

金融机构往来 指金融机构部门子部门之间发生的同业存放、同业拆措和债券回购等。

Inter- financial Institutions Accounts consist of nostro & vostro accounts, interbank lending and repo among the sub-sectors of financial institutions.

准备金 指各金融机构在中央银行的存款及缴存中央银行的法定准备金。

Required and Excessive Reserves financial institutions deposits in the People's Bank of China.

证券① 含债券和股票。

Securities① all bonds and shares.

债券 以票据形式筹集资金而发行的、承诺按一定利率付息和一定期限偿还本金的书面债务证书。包括国债、金融债券、中央银行债券、企业债券等。

Bonds negotiable and bearer instruments which give the holder the unconditional right to a fixed or contractually determined variable interest on a specified date or dates, and do not grant the holder any ownership rights in the institutional unit issuing them. They include government and public bonds, financial bonds, central bank bonds and corporate bonds.

国债 政府发行的债券。

Government and Public Bonds bonds issued by the government.

金融债券 除中央银行以外的金融机构发行的债券。

Financial Bonds bonds issued by the financial institutions excluding the central bank.

中央银行债券 中央银行发行的债券。

Central Bank Bonds bonds issued by the central bank.

企业债券 非金融企业发行的债券。

Corporate Bonds bonds issued by the non-financial corporate businesses.

① 目前尚未包含股权和不能在股票交易所交易的股票的发行筹资额。
① Equity and unlisted shares are not included temporarily.

10 主要指标的概念及定义

股票[①] 股份有限公司依照公司法的规定，为筹集公司资本所发行的、用于证明股东身份和权益并据此获得股息和红利的凭证。

Equity[①] documents which represent property rights on corporations and entitle the holders to a share in the profits of the corporations and to a share in their net assets.

证券投资基金份额 由证券投资基金发行的，证明投资者持有的基金单位数量的受益凭证。

Security Investment Funds issued by securities investment fund, which indicates quantity of fund held by investor.

库存现金 银行机构为办理本币和外币现金业务而准备的现金业务库存。

Cash in Vault local and foreign cashes reserved for business by banks.

中央银行贷款 指中央银行向各金融机构的贷款。

Central Bank Loans loans to financial institutions by the central bank.

其他（净） 除上述金融交易以外的其他国内金融交易。

Miscellaneous(net) domestic financial transactions not included elsewhere.

外国直接投资 外国对我国的直接投资以及我国常住单位对外国的直接投资。

Foreign Direct Investment the investments inside China by the rest of the world and those in the rest of the world by domestic residents.

其他对外债权债务 除储备资产和外汇存贷款以外的全部国内与国外间的债权债务。

Other Foreign Assets and Liabilities the changes in foreign assets and liabilities other than foreign exchange deposits and loans, and the changes in reserve assets.

国际储备资产 包括黄金、外汇、特别提款权、在国际货币基金组织的储备头寸和对基金信贷的使用。

Reserve Assets consist of gold, foreign exchange, special drawing rights, reserve positions with IMF, use of IMF credit, and etc..

国际收支误差与遗漏[②] 编制国际收支平衡表过程中，由于资料不完整，统计时间、统计口径、统计分类和计价标准不一致，以及不同币种间的换算差额等原因而形成的误差与遗漏。

Errors and Omissions[②] in the Balance of Payments are due to incomplete data source, the differences of book-entry timing, statistical coverage, classification, valuation, the conversion between different currencies and etc..

① 目前仅含能在股票交易所进行交易的股票的发行筹资额。

① Only includes listed shares.

② 由于无法区分国际收支误差与遗漏中经常项目和资本项目的比例，目前的做法是将国际收支的全部误差与遗漏都放入资金流量金融账户中。

② Because it is difficult to identify the proportion of this item on the current account to that on the capital account, all the errors and omissions in the Balance of Payments are presented on the flow of funds accounts temporarily.

10 Concepts and Definitions for Major Indicators

5 5000户企业景气调查

5000户企业景气调查制度建于1990年。调查包括月度工业企业主要财务指标统计及季度工业景气状况问卷调查。调查企业以国有大中型工业生产企业为主，还包括一些具有相当经济规模，有代表性的集体工业生产企业及企业集团。1993年以后增加了部分合资、外资及股份制工业生产企业。调查企业涉及27个行业，样本企业结构与中国工业的企业结构基本适应。调查结果大体上能反映中国工业的景气状况。

货币资金占用系数 为了实现一定量的产品销售需要占用的货币资金数量，即单位销售额占用的货币资金数。它可用于判断企业货币资金的松紧程度。

货币资金占用系数=期末货币资金余额/(当年累计)产品销售收入额×12/月数

流动比率 指流动资产总额和流动负债总额之比。流动比率表示企业流动资产中在短期债务到期时变现用于偿还流动负债的能力。

流动比率=流动资产合计/流动负债合计×100%

资产负债率 指一定时期内企业流动负债和长期负债与企业总资产的比率。该指标既反映企业经营风险的大小，又反映企业利用债权人提供的资金从事经营活动的能力。

资产负债率=(流动负债+长期负债)/资产总计×100%

5 Business Survey of 5000 Principal Enterprises

The system of business survey of 5000 principal enterprises was initiated in 1990.The business survey encompasses monthly statistics of financial indicators of industrial enterprises and quarterly conducted questionnaire research of business conditions of these enter prises. The state-owned large-size and medium-size industrial enterprises constitute the majority of surveyed enterprises with some representative collectively-owned enterprises and conglomerates of handsome economic scale also being included in the samples. Since 1993, some joint venture, foreign-funded and share-holding industrial enterprises have entered into the survey successively. The surveyed enterprises involve 27 industries and the structure of sample enterprises is commensurate with that of China's industrial enterprises . The outcome of the business survey can basically reflect the business conditions of China's industry.

Ratio of Monetary Funds Occupation the amount of monetary funds required for realizing a certain amount of product sales,i.e.money required per unit sale.It is used for analyzing monetary situation of enterprises.

Ratio of monetary funds occupation=period-end balance of monetary funds/(current year accumulated)amount of product sales × 12/months

Liquidity Ratio ratio of liquid assets against liquid liabilities. It indicates an enterprise's capacity of liquidating assets to repay liquid liabilities when short-term debt becomes due.

Liquidity ratio=liquid assets/liquid liabilities × 100%

Liabilities / Assets Ratio ratio of liquid and long-term liabilities to total assets of an enterprise during the fixed period. It not only indicates the riskness of an enterprise,but also the operational capacities of the enterprise in utilizing creditor's money.

Liabilities/Assets ratio=(liquid liabilities+long-term liabilities)/total assets × 100%

10 主要指标的概念及定义

流动资产周转率 指一定时期内流动资产平均占用额完成产品销售额的周转次数，反映流动资产周转速度和流动资产利用效果。

流动资产周转率＝(当年累计产品销售收入额×12/月数)/流动资产平均占用额

Turn-over Ratio of Liquid Assets number of times of average liquid assets' turn-over in a certain period for realizing products sales. It indicates the turn-over speed of liquid assets and effectiveness of the use of liquid assets.

Turn-over ratio of liquid assets=(accumulated sales of the current year × 12/months)/average liquid assets utilization

工业产品销售率 指一定时期内产品销售收入占工业产值的百分比，是反映工业产品生产已实现销售的程度，分析工业产销衔接状况的指标。

工业产品销售率＝产品销售收入额/工业总产值(现价)×100%

Industrial Products Sales Ratio ratio of product sales against total industrial production. It reflects the realized product sales in the industrial production enterprises and the links between production and sales.

Industrial production sales ratio=revenue of product sales/value of industrial production(current price) × 100%

销售成本利润率 是指一定时期内实现的利润额与耗费的销售成本总额之间的比率。

销售成本利润率=利润总额/产品销售成本×100%

Ratio of Profits to Sales Expenses ratio of realized profits against sales expenses.

Ratio of profits to sales expenses=profits/product sales expenses × 100%

6 **零售价格指数** 由国家统计局编制，是反映城乡商品零售价格变动趋势的一种经济指数。零售物价的调整变动直接影响到城乡居民的生活支出和国家的财政收入，影响居民购买力和市场供需平衡，影响消费与积累的比例。因此，计算零售价格指数，可以从一个侧面对上述经济活动进行观察和分析。

6 **Retail Price Index (RPI)** reflects the general change in prices of retail commodities,which is compiled by State Statistics Bureau (SSB).The changes in retail prices directly affect living expenditure of urban and rural residents and government revenue, purchasing power of residents and equilibrium of market supply and demand, and the proportion of consumption and accumulation. Therefore, RPI can predict to certain extent the changes of the above economic activities.

居民消费价格总指数 由国家统计局编制，是反映一定时期内城乡居民所购买的生活消费品和服务项目价格变动趋势及程度的相对数，是综合了城市居民消费价格指数和农民消费价格指数计算取得的。利用居民消费价格指数，可以观察和分析消费品的零售价格和服务价格变动对城乡居民实际生活费支出的影响程度。

Consumer Price Index (CPI) reflects the relative change in prices of consumer goods and services purchased by urban and rural residents, and is derived from urban CPI and rural CPI, which is compiled by SSB. CPI can be used to predict the impact of consumer price changes on living expenditure of urban and rural residents.

10 Concepts and Definitions for Major Indicators

企业商品价格指数 由中国人民银行编制，其前身是批发物价指数，始编于1994年。这是反映企业间商品交易价格变动趋势和程度的综合价格指数，其商品调查范围涵盖全社会物质产品，既包括投资品，也包括消费品。指数体系包括三种分类：一是按国家标准行业分类，二是按商品的生产过程分类，三是按商品用途（也称需求）分类。企业商品价格指数采用固定权数加权几何平均公式计算，所用权数根据投入产出表和工业普查资料、农业统计资料和其他补充调查资料测算。全国共有220多个调查城市，分布在除西藏以外的各省、自治区和直辖市。所选商品791种，规格品1700多种，报价企业2500户。

Corporate Goods Price Index (CGPI) compiled by the People's Bank of China and it was preceded by Wholesale Price Index (WPI), which had come into existence since 1994. CGPI is a comprehensive price index, which represents developments in the prices of goods provided in inter-enterprise transactions. The surveyed goods of CGPI cover all material products of the whole society, i.e. capital goods and consumer goods. And the Price Index System can be classified as three different categories: the first one classification is in line with the state standard industry classification, the second one is on the basis of different production process, and the third one is on the basis of commodity uses. The calculation of CGPI is based on the equation of fixed-weighted geometric mean with the weights calculated on the basis of the input-output table, industry general survey, agriculture statistics and other supplementary survey. There are more than 220 cities joining the survey, which covers all provinces, municipalities under direct jurisdiction of central government, and autonomous regions except Tibet. The CGPI covers 791 surveyed commodities, more than 1700 sample goods and 2500 outlets of enterprises.

责任编辑：贾　真
责任校对：张志文
责任印制：裴　刚

图书在版编目（CIP）数据

中国人民银行统计季报. 2016年第1期：总第81期 / 中国人民银行调查统计司编. —北京：中国金融出版社，2016.5

ISBN 978-7-5049-8324-4

Ⅰ. ①中… Ⅱ. ①中… Ⅲ. ①中国人民银行—统计资料—2016 Ⅳ. ① F832. 31-66

中国版本图书馆 CIP 数据核字（2016）第 080935 号

出版
发行　中国金融出版社
社　址　北京市丰台区益泽路2号
发行部　（010）66012726
邮　编　100071
经　销　新华书店
印　刷　北京侨友印刷有限公司
装　订　平阳装订厂
尺　寸　210毫米×285毫米
印　张　7.5
字　数　212千
版　次　2016年5月第1版
印　次　2016年5月第1次印刷
定　价　98.00元
ISBN 978-7-5049-8324-4/F . 7884